Walther Vogel

Die Hansestädte und die Kontinentalsperre

Walther Vogel

Die Hansestädte und die Kontinentalsperre

ISBN/EAN: 9783954273478
Erscheinungsjahr: 2013
Erscheinungsort: Bremen, Deutschland

© maritimepress in Europäischer Hochschulverlag GmbH & Co. KG, Fahrenheitstr. 1, 28359 Bremen. Alle Rechte beim Verlag und bei den jeweiligen Lizenzgebern.

www.maritimepress.de | office@maritimepress.de

Bei diesem Titel handelt es sich um den Nachdruck eines historischen, lange vergriffenen Buches. Da elektronische Druckvorlagen für diese Titel nicht existieren, musste auf alte Vorlagen zurückgegriffen werden. Hieraus zwangsläufig resultierende Qualitätsverluste bitten wir zu entschuldigen.

Pfingstblätter des Hansischen Geschichtsvereins.

Blatt IX. 1913.

Die Hansestädte und die Kontinentalsperre.

Von

Walther Vogel.

Verlag von Duncker & Humblot.
München und Leipzig 1913.

Pfingstblätter
des Hansischen Geschichtsvereins.
Blatt IX. 1913.

Die Hansestädte und die Kontinentalsperre.

Von

Walther Vogel.

Verlag von Duncker & Humblot.
München und Leipzig 1913.

I.
Die Hansestädte und das revolutionäre Frankreich.

„Frankreich schuf sich frei. Des Jahrhunderts edelste Tat hub
Da sich zu dem Olympus empor.
Bist du so eng begrenzt, daß du sie verkennest, umschwebet
Diese Dämmerung dir noch den Blick,
Diese Nacht: so durchwandre die Weltannalen und finde
Etwas darin, das ihr ferne nur gleicht,
Wenn du kannst."

Mit solchen Worten überströmender Begeisterung begrüßte der Sänger des Messias die Ereignisse von 1789. Und er gab damit nur einer Stimmung Ausdruck, die in den Hansestädten, wie im übrigen Deutschland, weit verbreitet war. Die Masse der Bevölkerung allerdings stand schon aus Mangel an näherer Kenntnis der Ereignisse — noch waren ja Zeitungen und Zeitunglesen eine Seltenheit — den großen Weltbegebenheiten ziemlich gleichgültig gegenüber; stolz auf den etwas verblichenen Glanz seiner reichsstädtischen Freiheit, zufrieden mit dem ihm verfassungsmäßig zustehenden Anteil am Stadtregiment, über dessen peinlich genauer Beobachtung er allerdings argwöhnisch wachte, konnte der hansestädtische Bürger sich die patriarchalische Leitung der Senate wohl gefallen lassen. In den Kreisen der Gebildeten aber brachte man den Ideen von 1789 aufrichtige Sympathie entgegen. Man hoffte, die Morgenröte der Freiheit „Galliens" werde ein Zeitalter der Brüderlichkeit und Gerechtigkeit für ganz Europa heraufführen, und es gab viele, die diesen Glauben bis in die Zeit des Konsulats bewahrt haben, anders als Klopstock, der seinen Irrtum schon nach wenigen Jahren eingestand.

Gelegentlich hat diese Stimmung im übrigen Deutschland Anlaß gegeben, den Hansestädten während der folgenden Ereignisse eine unpatriotische Hinneigung zur Französischen Republik vorzuwerfen. Damit tat man ihnen doch unrecht. Die an der Spitze der kleinen Handelsrepubliken stehenden Staatsmänner waren viel zu nüchterne Politiker, um sich durch den Freiheitsrausch zu unvorsichtigen Schritten hinreißen zu lassen. Wenn sie ein möglichst freundschaftliches Verhältnis zu der so überraschend schnell zur kontinentalen Vormacht emporgestiegenen Republik zu unterhalten strebten, so geschah es einzig und allein in der Absicht, die großen Handelsinteressen der Städte in Frankreich zu schützen. Denn nicht wenig stand hier für die hanseatischen Gemeinwesen auf dem Spiele.

Im Laufe des 18. Jahrhunderts hatte es Frankreich verstanden, mit den Produkten seiner aufblühenden westindischen Besitzungen sich eine beherrschende Stellung auf dem europäischen Kolonialwarenmarkt zu schaffen. Portugal und Holland, früher die Hauptlieferanten in diesem Handelszweige, wurden überflügelt. Hamburg, das den größten Teil Deutschlands mit Kolonialwaren versorgte, bezog jetzt nicht mehr Brasilzucker über Lissabon, sondern westindischen Zucker aus Bordeaux und Havre. Der Import aus den französischen Häfen nach den Hansestädten überstieg im Jahre 1788 die Summe von 50 Millionen Livres; die gesamte französische Wareneinfuhr (zu Wasser und zu Lande) nach den Hansestädten beim Ausbruch der Revolution betrug mit über 60 Millionen mehr als der französische Import nach allen übrigen Ländern Europas. Über dreiviertel dieses Verkehrs, 49 Millionen, gingen nach Hamburg, etwa 11 Millionen nach Bremen, während Lübeck mit etwa 2 Millionen seiner Lage entsprechend die schwächsten Beziehungen zu Frankreich unterhielt. Es bezog in der Hauptsache nur Bordeauxweine, während in Hamburg der westindische Kaffee und Zucker den französischen Verkehr, und, wie erwähnt, die Kolonialwareneinfuhr überhaupt, beherrschte. Als weitere Einfuhrartikel gesellten sich dazu noch Öl und Südfrüchte, Seesalz, Seidenwaren und andere Manufakturen. Den Ausgleich in der Handelsbilanz ermöglichte den deutschen Nordseestädten vor allem die Ausfuhr der schlesischen, sächsischen und westfälischen Leinenwaren, die als Gegenwert nach den westindischen Kolonien gelangten. Außerdem versorgten sie Frankreich selbst mit Schiffbaumaterialien (Holz, Tauwerk, Hanf usw.), vor allem auch mit Getreide und anderen Lebensmitteln. 643 Schiffe von 107846 Tonnen Tragfähigkeit vermittelten im Jahre 1789 diesen Verkehr; davon waren nur elf französische, dagegen 422 hansestädtische, meist hamburgische, Fahrzeuge; die holländische Reederei hatte den zweitstärksten Anteil an dieser Verbindung.

Kaum bedarf es ausdrücklicher Erwähnung, daß der Ausbruch der Revolutionskriege schwerwiegende Folgen für den Seehandel der Hansestädte mit Frankreich nach sich ziehen mußte. In wenigen Jahren sah sich Frankreich seiner Handelsflotte und seiner Kolonien beraubt. Ein greuelvoller Negeraufstand, durch die unkluge Freiheitserklärung des Konvents entfesselt, verheerte San Domingo, die Perle des Antillen, die anderen Inseln belegte das seemächtige England mit Beschlag. Eine völlige Umwälzung in der Richtung des hansestädtischen Kolonialwarenhandels war das notwendige Ergebnis dieser Vorgänge. Was Frankreich verlor, das gewann in erster Linie England, und der Gewinn war umso größer, als 1795 auch Holland, in den Strudel der Revolution gerissen, seinen schon durch den Amerikanischen Krieg erschütterten Seehandel völlig dahinsinken sah. Ein großer Teil des Amsterdamer Geschäfts verzog sich nach dem neutralen Hamburg; die kurz zuvor erfolgte Vollendung des Eiderkanals erleichterte Hamburg die Aufgabe, das Erbe Amsterdams als des ersten Getreidemarktes auf dem Kontinent anzutreten. Der Verkehr der Hansestädte mit England aber nahm einen geradezu erstaunlichen Aufschwung. Der Schiffsverkehr Hamburgs mit England stieg von 1789 bis 1800 auf das Vierzehnfache, der Bremens auf das Fünffache. Von Hamburg gingen nach England (und Schottland)

1789: 28 Schiffe mit 4136 Tonnen
1800: 377 Schiffe mit 56311 Tonnen,

von Bremen:

1789: 21 Schiffe mit 3110 Tonnen
1800: 123 Schiffe mit 16566 Tonnen.

Die Zahl der allein von London in Hamburg einlaufenden Schiffe verdreifachte sich in dem Jahrzehnt 1791/1800 (von 60 auf 198). Zunächst gründete sich dieses Wachstum auf den Kolonialwarenhandel. Bezog doch Hamburg 1798 von London $4^{1}/_{2}$ Million Pfund Kaffee, von Liverpol gar 10 Millionen Pfund. Aber auch andere Umstände wirkten in derselben Richtung. Der Krieg belebte die Gewerbetätigkeit in England außerordentlich, die

Bevölkerung der Industriestädte wuchs in den 90er Jahren rasch an und bedurfte einer vermehrten Getreide- und Lebensmittelzufuhr. Der Überschuß der Getreideeinfuhr Englands über die Ausfuhr verzehnfachte sich in den beiden letzten Jahrzehnten des Jahrhunderts (im Durchschnitt 1780/90 : 219000 Quarter, 1801 : 2349000 Quarter), und die Hauptmasse dieser Getreideausfuhr stammte aus Deutschland, vorzugsweise aus Preußen (Danzig) und Pommern. Kein Wunder, daß die deutsche Reederei im Schiffsverkehr der Themse 1798 mit 699 Schiffen nächst der britischen an erster Stelle stand, daß der Wert des Londoner Ein- und Ausfuhrhandels mit Deutschland selbst den mit Ostindien oder Westindien übertraf. Für Hamburg war neben der Kolonialwareneinfuhr namentlich noch die Kohlenzufuhr aus Newcastle — zum Betrieb der Zuckersiedereien — unentbehrlich. Der Verkehr mit Frankreich ging nun allerdings zurück, aber doch nicht im gleichem Maße, wie man nach der Zunahme der englischen Einfuhr erwarten sollte. Mit anderen Worten, der englisch-französische Seekrieg brachte für den hansestädtischen Seehandel nicht nur eine Verlegung, sondern eine bedeutende Steigerung des Geschäfts mit sich.

Aber England war nicht der einzige Erbe des französischen Kolonialwarenhandels. Noch eine andere Nation beteiligte sich mit Eifer am zunehmenden Seehandel mit überseeischen Genußmitteln und Rohstoffen, die jungen Vereinigten Staaten von Nordamerika. Da die amerikanische Schiffahrt in den Handelswirren der napoleonischen Zeit keine unbeträchtliche Rolle spielt, müssen wir auf diesen Zweig des hansestädtischen Verkehrs wenigstens einen kurzen Blick werfen. Schon der Befreiungskrieg selbst, etwa von 1780 an, hatte Versuche zur Anknüpfung einer direkten Handelsverbindung der aufständischen Kolonien mit den Hansestädten hervorgerufen, die zunächst freilich noch den Charakter wilder und ziemlich unbedachtsamer Spekulation trugen. Der eigentliche Aufschwung des amerikanischen Verkehrs mit Hamburg und Bremen datiert erst seit den neunziger Jahren. Seine Entwicklung übertraf womöglich noch die des Verkehrs mit England an Schnelligkeit und Umfang. „Eine Hauptursache des in den letzten Jahren zunehmenden Gewühls der Hamburger Handlung kömmt von Nordamerika her", schrieb Johann Georg Büsch im Jahre 1797. Einige Zahlen mögen das näher beleuchten: 1790 figurierten die

Hansestädte mit 478 000 Dollars an fünfter Stelle in der Liste der nordamerikanischen Ausfuhr; sie standen weit zurück hinter Großbritannien mit mehr als 9 Millionen, Frankreich mit $4^{3}/_{4}$ Millionen Dollars. Fünf Jahre später hat sich das Bild schon völlig gewandelt: mit $9^{2}/_{3}$ Millionen sind die Hansestädte an die zweite Stelle gerückt, die amerikanische Ausfuhr nach den deutschen Seeplätzen übertrifft sogar die nach Großbritannien mit sämtlichen Kolonien, ja bald die nach Großbritannien und Frankreich zusammengenommen. Dieses erstaunliche Wachstum zeigte freilich die Merkmale ungesunder Überhastung. Ein wildes Spekulationsfieber hatte die Handelskreise ergriffen, der Hamburger Markt war mit Kolonialprodukten überfüllt — erreichte doch die amerikanische Einfuhr nach den Hansestädten die unglaubliche Höhe von über 17 Millionen Dollars — übereilte Verschiffungen deutscher Waren nach Spanisch-Amerika kamen hinzu, und so brach im Frühjahr 1799 eine schwere Handelskrise über Hamburg und Bremen herein. Dank der Festigkeit seiner Bank und Valuta überstand doch Hamburg die Krisis verhältnismäßig rasch und leicht; der nordamerikanische Handel der Stadt war gut genug fundiert, um nicht ernstlich und dauernd in Mitleidenschaft gezogen zu werden. Auch in Bremen verhüteten die klugen Maßnahmen der Regierung, namentlich die Errichtung einer Warenbank, größere Verluste.

Es handelt sich bei dem amerikanischen Verkehr noch nicht vorwiegend um einen direkten Austausch einheimischer Erzeugnisse. Auch die Vereinigten Staaten dienten vielmehr als Durchfuhrland für westindische Kolonialwaren, Zucker und Kaffee; im Jahre 1798 war die hamburgische Zuckereinfuhr aus Nordamerika vier- bis fünfmal so groß als der direkte Import aus Westindien. Unter den Einfuhrgegenständen nordamerikanischen Ursprungs standen Tabak und Reis voran. Der Anteil der hansestädtischen Reederei an diesem Verkehr blieb zunächst geringfügig, weil es ihr an Ausfrachten fehlte. Seit 1797 machte sie zwar rasche Fortschritte, aber überwiegend fand der Warenaustausch unter amerikanischer Flagge statt, die 1796 von nicht weniger als 239 Schiffen im Hamburger Hafen gezeigt wurde. Diese Amerikaner vermittelten nicht nur den Handel mit den Vereinigten Staaten selbst, sondern beteiligten sich in freier Tramp- oder, wie man damals sagte, Aventure-Fahrt, nach allen Ländern — ein Umstand, dem während der Kontinentalsperre eine gewisse Bedeutung zukommen sollte. Beispielsweise versorgten sich 1796—97 hamburgische Zuckersiedereien durch amerikanische Schiffe mit dem unentbehrlichen Rohstoff aus Manila.

Aus dem Gesagten erhellt wohl zur Genüge, welcher Richtschnur die hansestädtische Politik inmitten der europäischen Kriegswirren allein folgen konnte. Die Handelsbeziehungen mit Frankreich blieben bedeutend genug, um eine Fortdauer des freundschaftlichen Verhältnisses, wie es zur Zeit der Monarchie bestanden hatte, auch unter der Republik wünschenswert zu machen. Aber eine einseitige Parteinahme für diese verbot schon die Rücksicht auf den so rasch emporblühenden Verkehr mit dem Hauptgegner Frankreichs, mit England. Mit anderen Worten, strikteste Neutralität, Neutralität zur Aufrechterhaltung des Seehandels nach allen Seiten, mußte das A und O der hansestädtischen Politik bilden, übrigens ein Leitstern, dem die Städte seit den Zeiten des Untergangs althansischer Seemacht, seit dem nordischen Dreikronenkriege 1563—70, in allen kriegerischen Verwicklungen, die sie berührt hatten, gefolgt waren.

Freilich stießen die Neutralitätswünsche der Hansestädte diesmal auf nicht unerhebliche Schwierigkeiten. Dem Handelstraktate der Städte mit Frankreich von 1716 war ein Separatartikel angehängt, in dem Frankreich unter der Bedingung der Gegenseitigkeit den Hansestädten auch während eines Krieges mit dem Reiche freien Verkehr zugestand, und dieser Artikel war auch in die Verträge von 1769 und 1789 übergegangen. In der Tat hatte der Kaiser während der früheren Reichskriege nicht auf „Affigierung der Avocatorien", die den Handel mit dem Reichsfeinde verboten, bestanden und den Verkehr stillschweigend geduldet. Es war also verständlich, wenn die Städte auch 1792 beim Ausbruch des Krieges die Beibehaltung der für sie so vorteilhaften milden Praxis erhofften. Keineswegs wollten sie dem Kaiser verweigern, was des Kaisers war. Pietät und schuldiger Respekt gegen das altehrwürdige, für sie freilich, ach, so nutzlose Corpus des Heiligen Römischen Reichs gingen weit genug, um die Stellung der gewünschten Truppenkontingente nicht zu verweigern. Aber damit meinte man auch seine Pflicht erfüllt zu haben. Der Kaiser sollte gewissermaßen nur das eine, auf die militärische und finanzielle

Hilfe gerichtete Auge öffnen, das andere aber, das die Fortdauer der Kommerzien zur See mißfällig bemerken konnte, gnädigst zudrücken. Und sind wir berechtigt, diese Stellungnahme unlogisch zu nennen, wo doch von einer kaiserlichen Seemacht zum Schutze der hansestädtischen Lebensadern niemals etwas zu merken gewesen? Aber weder auf kaiserlicher noch auf französischer Seite hatte man diesmal mit solchen Argumenten Glück. Das bewaffnete Einschreiten gegen das revolutionäre Frankreich, das Frankreich der Jakobiner und Königsmörder, war eben etwas anderes als die Kabinettskriege gegen die Monarchie des Roi Soleil. Der Kaiser wollte zwar auf dem öffentlichen Anschlag der Handelsverbote nicht unbedingt bestehen, gab sich aber „der gänzlichen Zuversicht hin, daß der Inhalt der Inhibitorien mit strengster Gewissenhaftigkeit befolgt werde". Die Haltung Frankreichs wurde durch widerstreitende Erwägungen verschiedener Art bestimmt und erhielt dadurch einen etwas verschleierten, zweideutigen Charakter. Einerseits war das Nationalgefühl der Republikaner durch die Ausweisung des französischen Gesandten am niedersächsischen Kreise, Lehoc (1793), und die Nichtanerkennung des 1795 als dessen Nachfolger nach Hamburg entsandten Reinhard beleidigt; auch beklagte man sich über die Aufnahme zahlloser Emigranten, die Hamburg zu einem Herd der Verschwörungen gegen die Republik machten. Vor allzu scharfem Vorgehen aber hielt doch wieder die Einsicht in den großen kommerziellen Nutzen ab, den der neutrale Handel der Städte der Republik gewährte. Dazu kam aber noch ein weiteres. Die große Bedeutung der Elb- und Wesermündung als Eingangspforte des englischen Handels in das Innere des Kontinents blieb den französischen Machthabern keineswegs verborgen. Der Gedanke der Kontinentalsperre lag seit den Tagen des Direktoriums in der Luft. Reinhard, der übrigens eifrig für die Unabhängigkeit der kleinen Handelsrepubliken eintrat, sprach 1797 geradezu die Hoffnung aus, daß sich die Völker des Kontinents nach Herstellung des allgemeinen Friedens vereinigen würden, um Großbritannien mit bewaffneter Hand ein Seerecht nach ihrem Willen aufzuzwingen und seinen Schiffen den Zugang zu den Häfen des Kontinents zu sperren. Wenn die Staatsmänner an der Seine schon damals an eine Okkupation der deutschen Strommündungen dachten, so verstanden sie es doch geschickt, einen etwaigen

Argwohn der Städte in dieser Hinsicht auf Preußen, Dänemark und Hannover abzulenken, die ja in der Tat die hanseatische Selbständigkeit viel unmittelbarer bedrohen zu können schienen. Umringt von solchen Gefahren, setzten die Hansestädte ihre ganze Hoffnung auf die Eifersucht der sie umgebenden Mächte und auf den Schutz Frankreichs; gern kehrten sie im diplomatischen Verkehr mit diesem die republikanische Verfassung der eigenen Gemein=
wesen heraus. Das nächste und fast stets von Erfolg gekrönte Streben der französischen Politik ging aber dahin, sich einstweilen den wohlwollenden Schutz dieser „schwachen Kinder, die der hilf=
reichen Hand bedurften" (Reinhard 1797) tüchtig bezahlen zu lassen. Ein kurzer Überblick über die wichtigsten Ereignisse an der nordwestdeutschen Küste seit 1795 wird uns lehren, welche Ergebnisse das Widerspiel der hansischen Neutralitätspolitik und der Schachzüge der französischen Diplomatie zeitigte, die letzten Endes doch auf die Sperrung der Strommündungen abzielten.

Die Besetzung Bremens und Curhavens durch hannoversche und englische Truppen 1795 gab den Hansestädten zum ersten Male einen Vorgeschmack, was sie im Kampf der Großmächte zu vergewärtigen hatten. Bremen benutzte nun die Friedensverhand=
lungen zu Basel, um sich des französischen Schutzes gegenüber englischen Gewalttätigkeiten zu versichern, aber die beiden anderen Städte wollten damals noch von einer direkten Anlehnung an Frankreich nichts wissen. Diesem Zwiespalt hatte es Bremen zu danken, daß es von den Streitigkeiten um die Anerkennung des Gesandten Reinhard nicht unmittelbar betroffen wurde, die damit endeten, daß Hamburg die Summe von 5 Millionen Livres opferte und damit das von Frankreich zur Vergeltung auf seine Schiffe gelegte Embargo ablöste. Wie erwähnt, waren seit 1795 Gerüchte über eine drohende Besetzung und Sperrung der Strommündungen durch Frankreich verbreitet. Zum Schutze der norddeutschen Neu=
tralität zog Preußen mit einigen anderen Reichsständen eine mili=
tärische Demarkationslinie. Auch die Hansestädte mußten dieser im Anschluß an die niedersächsische Kreisverfassung gebildeten „Neutralitäts=Associaton" beitreten, der sie es in der Tat zu ver=
danken hatten, daß die französischen Invasionspläne unausgeführt blieben. Die militärischen Maßnahmen Preußens riefen aber aufs neue in den Hansestädten Befürchtungen vor einer Annektion durch

Preußen und Dänemark wach; Befürchtungen, die zwar von Preußen ausdrücklich für grundlos erklärt wurden, doch mit dem Hinzufügen, daß wirklich entsprechende Vorschläge von Österreich gemacht worden seien. Auch die Direktorialregierung hatte den Städten vertrauliche Mitteilung von der beabsichtigten Mediatisierung zukommen lassen. Als diese nun bei ihr um Unterstützung nachsuchten, ersah sie sogleich die günstige Gelegenheit, ihrer trostlosen Finanzlage mit Hilfe des blühenden Handels der Hansestädte aufzuhelfen. Der hansische Geschäftsträger in Paris, Schlüter, erschreckt durch französische Drohungen mit Embargo, ließ sich zu übereilten Zugeständnissen herbei; nach langen Verhandlungen mußten sich die Städte zum zweiten Male zur Zahlung einer erheblichen Summe (Hamburg 4, Bremen 2 Millionen, Lübeck 800000 fr.) bequemen, die zwar offiziell den Charakter einer Anleihe trug, aber bei der Wertlosigkeit der in Austausch gegebenen „batavischen Reskriptionen" doch ein bedeutendes Opfer darstellte. Dafür sagte Frankreich seine Beihilfe auf den eben beginnenden Verhandlungen des Rastatter Friedenskongresses zu. Diese wurde denn auch mit so auffälliger Bereitwilligkeit geleistet, daß namentlich Bremen in ein schiefes Licht gerückt wurde. Es ist aber bekannt, welches Ende der Kongreß nahm. Erst nach dem Abschluß des Friedens von Luneville schienen sich die Städte ihrem Ziele zu nähern. Napoleon, der sich freilich nicht gescheut hatte, sie inzwischen noch zweimal zum Objekt seiner Gelderpressungsversuche zu machen — zur Beilegung der Affäre Chapeaurouge mußte Hamburg wieder für mehr als 4 Millionen batavische Reskriptionen kaufen — sprach feierlich seine Absicht aus, die Unabhängigkeit der Hansestädte zu schützen. Seine Äußerung war lediglich dadurch veranlaßt, daß Preußen Miene machte, ihm in diesem „Schutz" durch Besetzung der Städte zuvor zu kommen. Es handelte sich damals um das Vorgehen des zweiten nordischen Neutralitätsbündnisses gegen England, in dessen Verfolg Hamburg in der Tat kurze Zeit (März — Mai 1801) dänische Truppen in seinen Mauern sah. Wie unwirksam der so eifrig angetragene Schutz der Nachbarmächte, mochte er nun von französischer, preußischer oder dänischer Seite kommen, in Wirklichkeit war, das erwies sich freilich gerade in diesen Tagen zur Genüge. Englands Übermacht zur See trat klar in Erscheinung. Nach der Schlacht auf der Kopenhagener Reede mußten sich Dänemark und mit ihm die verbündeten nordischen Mächte unter den Willen des seegewaltigen Albion beugen. Nur eine gleichwertige Seemacht hätte den Handel der Städte wirklich vor aller Vergewaltigung behüten können; da eine solche aber nicht vorhanden war, so mußten die Städte auch weiterhin darauf bauen, daß England im wohlverstandenen eigenen Interesse ihre Neutralität respektieren werde. Der Reichsdeputationshauptschluß von 1803 gab ihrer Zuversicht neue Nahrung. Sie retteten nicht nur ihre Unabhängigkeit, sondern erhielten auch die Erfüllung ihres alten Wunsches, die Neutralität ihres Seehandels in allen Reichskriegen, zugesagt. Kein Wunder, daß sie sich in die Hoffnung wiegen konnten, ihre Erhaltung als selbständige, neutrale Seehandelsplätze sei gewissermaßen eine Naturnotwendigkeit und werde, weil im Interesse aller liegend, auch von allen begünstigt werden. Das ganze Streben ihrer Politik ging nur dahin, anstelle des einseitigen Schutzes, der Protektion, wie sie erst kürzlich noch Napoleon zugesichert hatte, die Garantie der europäischen Großmächte zu setzen. Bald genug sollten sie aus diesen Träumen zur rauhen Wirklichkeit erwachen.

Der Friede von Amiens hatte nur die Bedeutung eines vorübergehenden Stillstands in dem Ringen zwischen der größten Landmacht und der größten Seemacht Europas. Im Frühling 1803 war der abermalige Bruch eine vollendete Tatsache. Diesmal aber gedachte Napoleon mit den alten Plänen des Direktoriums Ernst zu machen. England sollte an seiner verwundbarsten Stelle, in seinem blühenden Handel nach Mitteleuropa, getroffen werden. Die Instruktion Mortiers, der im Mai und Juni Hannover besetzte, lautete dahin, sich in Hamburg und Bremen aller englischen Schiffe und Magazine zu bemächtigen, die Auslieferung der englischen Matrosen zu erzwingen, und die Ein- und Durchfuhr aller englischen Waren zu verhindern. Damit ist, wenn das Wort auch noch nicht ausgesprochen wurde, die Politik der Kontinentalsperre in allen wesentlichen Punkten eingeleitet.

Durch die Besetzung Ritzebüttels wurde die hanseatische Neutralität verletzt; die Wegnahme der englischen Schiffe glückte Mortier nicht mehr, sie waren rechtzeitig in zwei Flotten unter Konvoi abgesegelt. Noch gab man sich in den Hansestädten der Hoffnung hin, daß die Okkupation Hannovers und die Handelsstörung vorübergehend sein werde, da traf die Nachricht ein, daß England am 25. Juni zur Vergeltung die strengste Blockade über Elbe und Weser verhängt habe. Auch neutralen Schiffen wurde weder die Einfahrt noch die Ausfahrt gestattet. Die Erregung in Hamburg richtete sich nun weit mehr gegen England als gegen Frankreich. Ein so scharfes Vorgehen hielt man nicht für gerechtfertigt, man meinte, England habe seinen Seehandel ruhig, wie früher schon öfter, unter neutraler Flagge fortsetzen können. Selbst in englischen Handelskreisen war man überrascht und verwandte sich für Aufhebung der Blockade, doch nur mit dem Erfolg, daß die Einfuhr von 3000 Last Steinkohlen nach Hamburg gestattet wurde, mit deren Hilfe die dortigen Zuckersiedereien ihren Betrieb notdürftig fortsetzen konnten. Im übrigen wurde die Blockade streng durchgeführt, Hamburger Grönland- und Archangelfahrer weggenommen und als gute Prisen behandelt, als ob sie einer feindlichen Nation angehörten.

Der Seeverkehr auf der Elbe und Weser stockte nun völlig, aber der Handel läßt sich nicht so leicht sperren, solange er noch ein Hinterpförtchen offen sieht. Das holsteinische Tönning wurde jetzt der Seehafen Hamburgs. Das kleine öde Städtchen am gelblichfließenden Eiderstrom erlebte bewegte Tage, sah ungewohntes Treiben in seinen Straßen. Eine Anzahl Hamburger Handelshäuser etablierte Kontore, der Hafen war mit Schiffen, besonders amerikanischen, überfüllt — im Juli lagen ihrer nicht weniger als 80 auf der Reede — und die dänische Regierung bemühte sich durch Bereitstellung des königlichen Packhauses zur Lagerung der Güter, durch Erweiterung des Hafens und andere Anstalten den Verkehr zu erleichtern. Die Existenz des 1784 erbauten Eiderkanals erwies sich als ein großer Vorteil; 4000 Schiffe passierten diesen im Jahre 1803, und die Jahres-Zolleinnahme in Tönning stieg von 25 000 plötzlich auf 200 000 Reichstaler. Der Verkehr mit Hamburg wurde anfänglich durch die Wattfahrer besorgt, bis die Engländer im August auch diese Verbindung sperrten; seitdem war man auf den Landtransport mit Frachtwagen angewiesen, der jedoch seiner Kostspieligkeit und der vielen Diebstähle wegen nur einen mangelhaften Notbehelf darstellte. Auch über Kopenhagen, Kiel und Lübeck gingen teilweise die nach Hamburg und Altona designierten Güter. Etwas besser war Bremen daran.

Die Weser wurde zwar ebenfalls blockiert, und man beorderte anfänglich die nach Bremen bestimmten Schiffe nach Emden, dem nun eine ähnliche Rolle wie Tönning für Hamburg zufiel; neutrale Flaggen, von denen man bisher kaum etwas gehört hatte, die Kniephäuser, die Papenburger, flatterten auf den Schiffen im Hafen. Als aber die sowieso schon beschwerliche Verbindung mit Bremen auf den oldenburgischen Flüßchen und Landstraßen durch den Winter völlig gesperrt wurde, verfiel man auf die Idee, die ebenfalls blockadefreie Jade als Ausgangspforte Bremens zur See zu benutzen. Es zeigte sich, daß dieser Meerbusen keineswegs so unzugänglich für große Schiffe war, wie man bisher angenommen hatte. Über Varel wurde nun bis zum Ende der Blockade ein ziemlich lebhaftes Verfrachtungsgeschäft, besonders in Leinwand, betrieben.

Wenn die Blockade auch im folgenden Jahr etwas erleichtert wurde, so hat sie doch durch ihre lange Dauer den Hansestädten erheblichen Schaden zugefügt. Erst als die französischen Truppen zur Teilnahme am dritten Koalitionskrieg nach Süden abrückten, hob England am 9. Oktober 1805, nach $2^{1}/_{4}$ Jahren die Blockade auf. Besonders hatten das Gewerbe, z. B. die Zuckersiedereien, das Handwerk, die kleine Geschäftswelt, die aus dem Hafenbetrieb ihre Nahrung zog, gelitten; von den 153 Fallissements, die während der Sperre in Hamburg vorfielen, betrafen die meisten kleinere Vermögen von 5000—50000 Mark Banko. Der Warenhandel lag zwar auch schwer darnieder, doch verstand es die Kaufmannschaft vielfach ihre Verluste auf andere Weise, z. B. durch das glänzend aufblühende Assekuranzgeschäft, wettzumachen. Auch die hanseatischen Staatskassen hatten wieder bluten müssen. Da die hannoverschen Revenuen nicht ausreichten, um die französische Okkupationsarmee zu unterhalten, erzwang man von den Städten eine Anleihe von über 6 Millionen Livres. Die Zukunft der Städte schien unsicherer denn je, und Gewaltstreiche Napoleons, wie die Aufhebung des englischen Gesandten Rumbold in Hamburg (1804), führten ihnen deutlich genug vor Augen, wessen sie sich von ihrem „Protektor" zu versehen hatten. Noch immer aber hofften sie, daß die Eifersucht der Großmächte ihnen den Verlust ihrer Unabhängigkeit ersparen werde. Der ziemlich plumpe Erpressungsversuch Talleyrands und Bouriennes, des neuernannten französischen Gesandten in Hamburg, die den Hansestädten gegen einmalige Zahlung von 6 Millionen Livres und eine jährliche Subsidie von 2 Millionen abermals den militärischen Schutz Frankreichs aufnötigen wollten, mißlang deshalb. Die Städte beeilten sich zwar in ihrem Schreiben vom 9. April 1806 den Schutz und das Wohlwollen Napoleons anzurufen, jedoch in Wendungen, die das Erbetene ausdrücklich nur als einen Ausfluß der schon 1803 erteilten Zusicherung der Unabhängigkeit und ewigen Neutralität hinstellten. Auch daß sie gleichzeitig dasselbe Ersuchen an Kaiser Alexander richteten, bewies, daß sie an ihrer alten Forderung: europäische Garantie statt Protektion, festhielten.

Die Gunst des Imperators mochten sie allerdings nicht verscherzen, da ihnen seit der Besetzung Hannovers durch Preußen (Frühjahr 1806) wieder einmal die Gefahr der preußischen Annektion aus unmittelbarer Nähe drohte. Seit April hatte England zudem in Beantwortung der preußischen Handelssperre von neuem die Blockade über Elbe, Weser und Jade verhängt und die hanseatischen Schiffe, wie die preußischen, mit Embargo belegt. Je näher freilich die kriegerische Auseinandersetzung zwischen Preußen und Frankreich rückte, desto mehr wurde die Blockade gemildert, um schließlich Anfang Oktober völlig aufgehoben zu werden. Die plötzliche Ankunft der wieder freigegebenen hanseatischen Schiffe erzeugte eine Überfüllung des Hamburger Marktes mit Kolonialwaren, während gleichzeitig der Absatz im Binnenlande infolge der Kriegswirren immer mehr zurückging.

Die Auflösung des Reiches, die Gründung des Rheinbundes im Sommer 1806 drängten endlich die Städte zu entschiedener Stellungnahme. Preußen wünschte ihren Anschluß an den zu begründenden „Nordischen Reichsbund", doch das Veto Napoleons, das Abraten Englands und ihre eigene Abneigung gegen Aufgabe der Neutralität, standen dem entgegen. Im Herbst 1806 vereinigten sich Deputierte der drei Hansestädte in Lübeck, um ihre künftige politische Stellung zu beraten. Das große Wort auf diesen hanseatischen Konferenzen führte der Bremer Johann Smidt, ursprünglich Theologe, mit jungen Jahren schon zum Senator ernannt, ein hochgebildeter, geistig ungemein regsamer Mann. Er trat entschieden für völlige Unabhängigkeit der Städte unter europäischer Garantie ein, widerriet namentlich einen Anschluß an

Preußen. Im Lichte der kommenden Ereignisse erscheint die Auffassung Smidts seltsam genug. Mit einem geradezu erstaunlichen Optimismus träumte er von einer unabhängigen Zukunft der Hansestädte, die, in voller Selbständigkeit und unbedingter Neutralität eine wirtschaftliche Notwendigkeit für das Handelsleben Europas, gleichsam wie glückselige Inseln inmitten des allgemeinen Kriegstumults, eine Zufluchtsstätte für alle friedliebenden, der Kunst und der Wissenschaft sich weihenden Menschen sein sollten. Die Städte waren jetzt, nach Smidt, „im Begriff, den Gipfel der Freiheit und Unabhängkeit zu erklimmen". Wie demoralisierend muß die jahrhundertelange Neutralitätspolitik der Hansestädte, dieses ohnmächtig=schlaue Sichdurchwinden zwischen den Machtansprüchen der seegewaltigen Großen, gewirkt haben, um selbst bei einem so klarblickenden Geiste derartige Täuschungen hervorzurufen! — Das Gutachten der Konferenz empfahl in der Tat Wahrung der augenblicklichen Unabhängigkeit, der vollen Souveränität der neutralen Hansestädte, sowie eine engere Verbindung, besonders durch Begründung einer gemeinsamen gerichtlichen Höchstinstanz. Am 15. Oktober 1806 wurde das Gutachten von den Deputierten unterzeichnet.

Sie ahnten nicht, daß sich ihr Schicksal schon entschieden hatte. Denn tags zuvor waren bei Jena und Auerstädt die eisernen Würfel gefallen.

II.
Die Kontinentalsperre.

Drei Wege hatte Napoleon im Jahre 1798 dem Direktorium zur Bezwingung Englands angegeben:

1. Die Eroberung Ägyptens, die Bedrohung Indiens und damit der ergiebigsten Quelle des britischen Reichtums

2. Die Landung in England selbst

3. Die Absperrung des europäischen Kontinents gegen Englands Handel und Schiffahrt, die unweigerlich zur Aushungerung und Verarmung des Landes führen müsse.

Alle drei Wege sind betreten worden. Das erste Unternehmen scheiterte endgültig am Tage von Abukir, das zweite am Tage von Trafalgar; zu dem dritten schien der Sieg von Jena die Bahn zu öffnen. Wenige Wochen nach dem Einzug des Imperators in Berlin, am 21. November 1806 erschien das Berliner Dekret, die Proklamation der Kontinentalsperre. Der Erlaß schildert zunächst das allen Grundsätzen des Völkerrechts hohnsprechende Verfahren der englischen Seerechtspraxis: Die Gefangensetzung friedlicher, auf See ihrem Erwerbe nachgehender Untertanen des feindlichen Landes, die Wegnahme feindlichen Privateigentums zur See, die nur auf dem Papier stehende, nicht effektive Blockade nicht nur einzelner Seeplätze, sondern ganzer Küsten und Reiche, die Absicht den gesamten Handel- und Gewerbefleiß des Kontinents zu monopolisieren. Die Pflicht der Selbsterhaltung gebiete, England mit den gleichen Waffen zu bekämpfen. Dementsprechend wurde verfügt:

1. Die Britischen Inseln werden für blockiert erklärt

2. Aller Brief- und Postverkehr mit England, ja sogar die Absendung eines Briefes in englischer Sprache ist verboten

3. Jeder erreichbare englische Staatsangehörige wird Kriegsgefangener

4. Alle englischen Magazine und Waren, alles englische Eigentum, wird beschlagnahmt und eingezogen

5. Aller Handel mit englischen Waren ist verboten, jede Ware, die englischen Ursprungs ist oder aus den englischen Kolonien stammt, verfällt ebenfalls der Wegnahme. Die Hälfte des Ertrags des eingezogenen Handelsgutes und Eigentums dient zur Entschädigung der durch englische Kaper beraubten Kaufleute

6. Kein Schiff, das unmittelbar von England oder seinen Kolonien kommt, wird in einem Hafen zugelassen. Jedes Schiff, das dem auf Grund gefälschter Zeugnisse zuwiderhandelt, wird nebst der Ladung beschlagnahmt und eingezogen, als ob es englisches Eigentum wäre.

Bei Erlaß des Berliner Dekrets befanden sich die Hansestädte schon in französischen Händen. Lübeck hatte zuerst mit den Greueln des Krieges Bekanntschaft gemacht: Blücher hatte sich auf dem Rückzuge in die Stadt geworfen, am 6. November wurde sie von den Franzosen erstürmt und war mehrere Tage dem Wüten der Soldateska preisgegeben. Durch die Plünderung und die drückenden Requisitionen wurde der Wohlstand Lübecks schwer mitgenommen. Hamburg sah am 19., Bremen am 20. November die Feinde in seine Straßen einziehen.

Schon geraume Zeit vorher hatte der Handel gestockt. Die Einkaufsordres waren infolge des Krieges in Binnendeutschland zurückgezogen worden. Die Kaufleute versammelten sich zwar auch im Oktober auf der Hamburger Börse, „aber nicht um Geschäfte zu machen, sondern um zu kannegießern." Die Unterbrechung des Postverkehrs mit Wien, Schlesien, Rußland, infolge dessen Zahlungen ausblieben, erfüllte den Kaufmann mit Besorgnis; namentlich das Ausbleiben der russischen Post, dann die Konfiskation englischer Waren auf der Leiziger Messe brachte arge Verlegenheiten. Noch am 16. November hatte die Hamburger Kommerzdeputation Bourrienne 150000 Mark Crt. überreichen lassen in Erkenntlichkeit für seine angeblichen unausgesetzten Bemühungen, die Kriegsbedrängnisse von der Stadt abzuwenden — drei Tage später ließ Marschall Mortier seine Truppen einrücken.

Die Verkündigung des Berliner Dekrets, die noch vor Ablauf des November in allen drei Hansestädten erfolgte, erregte allgemeine Bestürzung. Die englischen Schiffe waren auf Anordnung des

Vizekonsuls Nicholas rechtzeitig nach Glückstadt beordert worden, so daß sie den Franzosen entgingen; dafür wurden auf Elbe und Weser auch neutrale, schwedische, russische, preußische Schiffe mit Embargo belegt. In den ersten Tagen herrschte große Verwirrung, zumal die sich überstürzenden französischen Mandate vielfach unklar und widerspruchsvoll waren. Bereits am 21. November hatte eine Bekanntmachung des Senats die Beschlagnahme englischen Gutes, sowie die schriftliche Deklaration aller Gelder und Waren, verfügt, die aus englischen Manufakturen herrührten. Man hatte aber anzugeben vergessen, von welchem Datum ab der Gewinn aus dem englischen Warenhandel zu berechnen sei, auch war zunächst von einer Beschlagnahme der Kolonialwaren nicht die Rede. Die harten Strafandrohungen schüchterten viele derartig ein, daß sie in übergroßer Ängstlichkeit auch Kolonialprodukte neutralen Ursprungs deklarierten, andere wieder suchten den Umfang ihrer Depots zu verschweigen. Mit Eifer bemühte sich die verstärkte Kommerzdeputation, die seit Ende November ständig tagte, Ordnung in das Chaos zu bringen. Endlich trat etwas größere Beruhigung ein, die Kaufmannschaft atmete auf, als die angedrohte Versiegelung der Hamburger Bank aufgeschoben wurde und der Gesandte der Kommerzdeputation die beruhigende Versicherung gab, der Kaiser sei willens, die Bank (in der damals 90 Millionen Mark Banko lagerten) „als Heiligtum zu betrachten".

Eins der Hauptobjekte der französischen Konfiskationsmaßregeln war der englische „Court", die seit den Tagen der Königin Elisabeth in Hamburg bestehende Faktorei der Merchant Adventurers. Die meisten Engländer waren rechtzeitig geflohen, nur sechs verheiratete Courtmitglieder hatten es vorgezogen in Hamburg zu zu bleiben, teils weil sie ihrer Familie wegen nicht so schnell fortkonnten, teils um das Eigentum des Courts zu überwachen. Unmittelbar nach dem Einmarsch der Franzosen wurde an letzteres die Siegel gelegt, die sechs Zurückgebliebenen erklärte Mortier für Kriegsgefangene und ließ ihnen eröffnen, daß man sie demnächst nach Verdun transportieren werde. Doch gelang es, zum Teil durch Bestechung Bourriennes, einen Aufschub und weitere Konzessionen zu bewirken, sodaß die Courtmitglieder bald über ihr persönliches Schicksal beruhigt sein durften. Auch finanziell widerfuhr ihnen ganz unverdientes Glück. Das Warenlager des

Court war auf 35 000 £, darunter 17 000 £ Waren englischer Herkunft eingeschätzt worden. Da nun das im Auslande und auf See befindliche, also englischen Vergeltungsmaßregeln ausgesetzte, Hamburger Gut einen viel höheren Wert erreichte, so erklärte sich der Senat, der im Einverständnis mit den Courtmitgliedern am 16. Januar 1807 die Disposition über das Warenlager übernommen hatte, bereit, es für 425 000 fr. zurückzukaufen und es den Engländern frei zur Verfügung zu stellen. Gewiß geschah das nicht aus reiner Großmut, sondern aus den eben angedeuteten Nützlichkeitserwägungen. Immerhin hätte man von den englischen Gästen wohl erwarten dürfen, daß sie diese Tatsache nicht gänzlich totschweigen würden. Statt dessen hat man später noch den Anschein zu erwecken gesucht, als ob ihnen in Hamburg großer Schaden zugefügt worden sei; durchaus mit Unrecht, denn wenn die ehemaligen Courtmitglieder in den Drangsalen der kommenden Jahre ihr Vermögen verloren, so haben sie dieses Geschick mit der Mehrheit der Hamburger Kaufmannschaft geteilt. Das Schicksal des Court selbst war freilich besiegelt; im August 1807 wurde den Mitgliedern der Befehl Napoleons übermittelt, daß die Faktorei aufzulösen sei und die Insassen hamburgische Bürger werden müßten. So geschah es denn auch. Am 4. September 1807 erwarben die letzten fünf „Merchant Adventurers" in Hamburg das Bürgerrecht, wobei ihnen noch gewisse Vergünstigungen zugestanden wurden. Sechs Monate später, am 20. April 1808, wurde die Aufhebung des Court für rechtskräftig erklärt. Man weinte ihm in Hamburg keine Träne nach. Ursprünglich eine der Einrichtungen, die Hamburgs Aufsteigen zu kommerzieller Größe begründen halfen, hatte er im Laufe des 18. Jahrhunderts seine Bedeutung eingebüßt und sich durch seine Exklusivität und sein starres Festhalten an längst veralteten Vorrechten verhaßt gemacht. Daß er fiel, ist einer der wenigen Gewinne, die Hamburg und sein Handel aus der Franzosenzeit davongetragen haben. Wenn das frühere Courtmitglied Burrowes in einer Aufzeichnung von 1808 den Verdacht äußerte, der Senat habe im geheimen Einverständnis mit den Franzosen gehandelt und seinerseits die Aufhebung des Court angeregt, so läßt sich das jedenfalls nicht nachweisen. Daß der Senat sich auch noch für die Aufrechterhaltung der unbequemen englischen Privilegien bemühen sollte, wäre aber in der Tat zuviel verlangt gewesen.

Inzwischen war die Deklaration der englischen Manufakturen und Kolonialwaren, in Hamburg durch den Zollinspektor Brémond, in Bremen und Lübeck durch seine Kollegen Marchal und Caire, zum Abschluß gebracht worden. Der letztere soll sich dabei große Unredlichkeiten haben zuschulden kommen lassen. Auffällig ist jedenfalls der bedeutende Unterschied zwischen dem in Lübeck und dem in Bremen konfiszierten Warenwerte: über 2 Millionen fr. gegenüber nur 360 000 fr. Die in Hamburg beschlagnahmten Waren wurden auf rund 17 Millionen fr. geschätzt, wozu noch eine Reihe von Artikeln unbekannten Wertes traten. Über den Umfang der Konfiskation herrschte immer noch nicht völlige Klarheit. Noch war die Hauptfrage zu entscheiden, ob sie sich auch auf die für neutrale Rechnung gekauften, also neutrales Eigentum gewordenen englischen Waren beziehe, und wenn ja, wie man dann den Handel damit verhindern könne, ob ihre Ausfuhr zu gestatten sei. Ferner bestand Unsicherheit darüber, ob das allgemeine Einfuhrverbot sich auch auf gewisse Baumwollwaren erstrecke, deren Import nach Frankreich und dem Großherzogtum Berg gestattet war, und endlich erhob sich die Frage, was mit dem konfiszierten Gut überhaupt geschehen solle. Die Zollinspektoren erbaten über diese Punkte Auskunft vom Ministerium des Innern in Paris, erhielten aber keine Antwort. Doch fanden die Fragen allmählich von selbst ihre Lösung.

Zunächst entschied eine im Dezember 1806 in Hamburg zusammengetretene Kommission zur Ausführung der kaiserlichen Dekrete jene Grundfrage nach dem Schicksal des neutralen Eigentums englischer Herkunft in dem Sinne, daß auch dieses der Beschlagnahme verfallen sein. Es ist klar, daß diese Maßnahme den Engländern nicht mehr den geringsten Schaden zufügen konnte, sondern einfach auf einen Raubzug gegen die Taschen der deutschen Kaufmannschaft hinauslief. Doch das war nur die bezeichnende Einleitung in die Wirtschaftspolitik, die Napoleon im rechtsrheinischen Deutschland befolgte. Wirkungslos verhallten alle Proteste der hanseatischen Kaufmannschaft. Eine Audienz, die der Kaiser am 14. Dezember 1806 in Posen einer Deputation aus den drei Städten gewährte, verlief ohne jedes Ergebnis. Er hörte die freimütigen Auseinandersetzungen des Bremer Senators Gröning mit Wohlwollen und einem gewissen Interesse an, erklärte aber, in der jetzigen Verwirrung könne er nichts ändern. Und dabei blieb es.

Napoleon hatte anfänglich die Absicht gehabt, die beschlagnahmten Waren nach Frankreich transportieren zu lassen, ließ sich aber überzeugen, daß der Transport zu schwierig und kostspielig sei. Man ließ sich daher von französischer Seite auf das Anerbieten des Hamburger Senats ein, die Waren zurückzukaufen, wozu dieser im April 1807 von der Bürgerschaft autorisiert worden war. Leitender Beweggrund war dabei, daß man englische Repressalien zu vermeiden wünschte, zu denen England bequeme Gelegenheit hatte — schätzte man doch allein das auf See und in England befindliche Hamburger Eigentum auf über 24 Millionen Mark Banko. Nun begann das Feilschen um die Höhe der zu zahlenden Summe. Die französische Ausführungskommission hatte den Wert der beschlagnahmten und zurückzukaufenden Waren endgültig auf die oben angegebenen Beträge festgesetzt. In Hamburg erklärte man diese Forderung für ungeheuerlich. 7 Millionen habe man schon für Einquartierungskosten und Requisitionen geopfert, und dabei sei Hamburg eine neutrale, unabhängige, befreundete Stadt, dürfe nicht, wie das eroberte Leipzig, nach Kriegsrecht behandelt werden. Sechs Millionen war das höchste Angebot, das man für die Aufhebung der Beschlagnahme machen zu können erklärte. „Sie sind ein zu guter Beobachter," schrieb Syndikus Gries am 19. Juni 1807 an Bourrienne, „als daß es Ihnen entgehen könnte, daß das Gedeihen, dessen sich unsere unglückliche Stadt erfreute, vielmehr auf der Schnelligkeit des Umsatzes und der großen Zahl der Geschäfte beruhte, als auf den Kapitalien ihrer Bewohner, und daß, aus demselben Grunde, dieses Gedeihen mehr scheinbar als wirklich war... Wie könnte sie also im Stande sein, eine so ungeheure Summe, wie 16 Millionen fr. zu zahlen"? Indes, Napoleon blieb unerbittlich; 2 Millionen auf Lieferungen anzurechnen, war das äußerste Zugeständnis, zu dem er sich herbeiließ. Was blieb den „befreundeten" Städten übrig, als sich in das Unvermeidliche zu fügen? Am 23. September 1807 wurde der Vertrag unterzeichnet: 4 Millionen fr. zahlte Hamburg bar, den Rest in Wechseln, und zwar in Raten von je 2 Millionen, zahlbar Ende jedes Monats von Oktober 1807 bis Februar 1808. Rund 2 Millionen für Lieferungen machten die Summe von

16 Millionen voll. Lübeck wollte auf die Rückkaufsumme 5 Millionen für Lieferungen angerechnet haben, und da dieser Betrag den Wert der konfiszierten Waren weit überstieg, forderte es noch obendrein einen Schadenersatz von 800 000 fr.! Es versteht sich, daß Napoleon darauf nicht einging. Obwohl schon fast völlig ruiniert, mußte Lübeck die von ihm festgesetzten 2 Millionen zahlen. . . . . Bremen scheint mit einer weit geringeren Summe davongekommen zu sein.

Im Grunde hat diese ganze Angelegenheit mit dem System der Kontinentalsperre nichts zu tun. Es handelt sich, wie schon angedeutet, um eine einfache Erpressung, wie sie Frankreich seit 1795 fortgesetzt an den Hansestädten verübt hatte. Daneben aber richtete die kaiserliche Regierung ihre volle Aufmerksamkeit auf den eigentlichen Zweck der Sperre, die Fernhaltung der englischen Waren. Noch vor Ablauf des Jahres 1806 sah Hamburg die ersten französischen Douaniers an seinen Toren, die Grünröcke, gegen die sich in den folgenden sieben Jahren der Unterdrückung der grimmigste Haß der Bevölkerung richtete. Gleich nach der Besetzung der Stadt war sogar der Kleinverkehr mit den Nachbarorten gesperrt worden; erst Anfang Dezember wurde er gegen Zertifikate und umständliche Visitierung der Waren freigegeben. Dreihundert Douaniers, die Anfang 1807 eintrafen, bildeten einen Zollkordon am linken, hannoverschen Elbufer und von Hamburg bis Travemünde. Ihr Kommandant, Inspektor Eudel, ein tüchtiger, und was besonders hervorgehoben zu werden verdient, unbestechlicher Beamter, hatte mit großen Schwierigkeiten zu kämpfen. Die Kontinentalsperre stellte einen so tiefen Eingriff in das Leben der Hansestädte dar, daß ein plötzlicher Abbruch all der Verbindungen, aus denen sie bisher ihre Nahrung gezogen hatten, fast als eine Unmöglichkeit bezeichnet werden mußte. Handel und Verkehr fanden tausend Wege, die rigorosen Bestimmungen des Berliner Dekrets zu umgehen. Die französische Zollverwaltung mußte sich erst im Laufe der Zeit die nötige Landes- und Ortskenntnis aneignen, um allmählich hinter diese Schliche zu kommen. Schon allein das Verbot des Postverkehrs hätte ja genügt, um allen Handel mit England zu unterbinden. Es war aber ohne besondere Mühe möglich, die englische Post über Tönning nach Altona zu leiten, wo sich die Hamburger Kaufleute ihre Briefe abholten.

Überhaupt möchten wir nicht unterlassen, ausdrücklich auf die großen Vorteile hinzuweisen, die die Nachbarschaft Altonas in der Franzosenzeit Hamburg gewährt hat. Mit mißgünstigen Augen hatte man in den letzten Jahrzehnten des 18. Jahrhunderts in Hamburg das von der dänischen Regierung begünstigte Aufblühen Altonas beobachtet; namentlich die Hamburger Reederei sah sich geschädigt. Jetzt lernte man in Hamburg doch auch die Vorzüge der engen Nachbarschaft schätzen. Ohne die Nähe dieser neutralen, außerhalb des französischen Machtbereichs liegenden Stadt wäre die Durchführung der Sperre zweifellos viel wirksamer, der Verlust des Handels größer gewesen. Wie hätte man bei den Tausenden von Menschen, die täglich zwischen Hamburg und Altona hin- und hergingen, eine genaue Kontrolle durchführen können! Bald wurde es für Köchinnen und Dienstmädchen ein beliebter Sport, ein halb Pfund Kaffee oder Baumwolle unter den Kleidern durchzuschmuggeln. Bourrienne erzählte die erstaunlichsten Geschichten von ganzen Wagenladungen Zuckers, die als „Sand" die Zollwache passiert hätten, von scheinbaren Leichenbegängnissen, die dem Transport englischer Waren dienten, und dergleichen mehr. Alt und jung, arm und reich beteiligten sich an diesem Vergnügen, das umso aufregender und reizvoller war, als die schwersten Strafen auf Zollübertretungen standen. Kein Zweifel, daß dieser Schmuggel förmlich organisiert worden ist. Es wird von 600 Frauen gesprochen, die ständig im Dienste von Hamburger Kaufleuten Kolonialwaren paschten.

Wie während der Elbblockade von 1803—05 wurde Tönning wieder der eigentliche Hafen Hamburgs. In der ersten Hälfte des Jahres 1807 war der Verkehr hier außerordentlich rege. England ließ zeitweise den Wattenverkehr sowie die Fahrt nach England zu und gab im Juli die nach dem 1. Januar 1807 aufgebrachten Bremer und Hamburger Schiffe frei. Große Mengen Getreide gingen aus Holstein, meist auf kleineren Fahrzeugen, nach England hinüber. Dafür brachten englische, meist aber dänische und amerikanische Schiffe Kolonialwaren. In Tönning wurden diese auf Leichter und Wattfahrzeuge umgeladen und nach Altona und Hamburg verschifft. Die dänische Ortsbehörde stellte ihnen ohne Schwierigkeiten Zeugnisse aus, die den neutralen Charakter der Waren bescheinigten. In Hamburg hatte der neue Gouverneur,

Marschall Brune, den Makler Hesse mit der Beaufsichtigung der
ein- und auslaufenden Schiffe und der Untersuchung der Ladungen
beauftragt. Dieser nahm die Visitation, im Widerspruch mit dem
Douanen-Reglement, ganz allein, ohne Hinzuziehung von Zollbeamten, vor. Er stellte dann vom französischen Konsul unter-
zeichnete Atteste aus, die den nichtenglischen Ursprung der Waren
bezeugten nnd sie auf dem weiteren Wege ins Binnenland be-
gleiteten. Ebenso wurde mit den auslaufenden Schiffen verfahren.
Nach den Registern kamen vom 19. Februar bis 3. August 1807
etwa 590 000 t Waren von der Seeseite in Hamburg an; darunter
mußten sehr viele aus England und seinen Kolonien stammen.
Vollkommen sicher war dies z. B. bei den eintreffenden Kohlen der
Fall. Hamburg war überfüllt mit englischen Produkten. Auch
der Weitertransport der Waren in das Innere war bald organisiert.
Vieles ging nach Leipzig, denn in Sachsen war man im Interesse
der heimischen Industrie und des Leipziger Handels besonders
nachsichtig gegen den Schmuggel. Ein Bericht über die Leipziger
Ostermesse 1807 enthält die Bemerkung, daß aus Altona viel
englisches Garn mit dänischer Herkunftsbezeichnung versandt werde;
es herrschte auf der Messe kein Mangel an Baumwollgarn.

Der Schlüssel zu dieser laxen Handhabung der Sperre ist
unschwer zu finden. Napoleon hatte, indem er Ende Januar 1807
den Marschall Brune anstelle Mortiers zum Gouverneur der
Hansestädte ernannte, den Bock zum Gärtner gemacht. Brune,
nach einem späteren Wort des Kaisers, „ein unverzagter Räuber",
steckte mit Hesse, mit dem Stadtkommandanten Lallemand, dem
französischen Konsul La Chevardière u. a. unter einer Decke, und
ließ sich die Umgehung der napoleonischen Dekrete von den
Hamburgern teuer bezahlen. An seiner Bestechlichkeit läßt sich
nach dem eingehenden Bericht des zur Aufsicht über die Ausführung
der Sperre nach Hamburg entsandten de Tournon nicht zweifeln.
Die Höhe der Summe, die die Kommerzdeputation Brune zukommen ließ, wird auf 400 000 fr. angegeben; insgesamt veraus-
gabte sie vom November 1806 bis Februar 1807 565 159 Mark
Banko zur Bestechung französischer Beamter. Man muß es Brune
lassen, daß er für das Geld sein möglichstes tat, das Sperrdekret
unwirksam zu machen. Von dem Verfahren bei der Ein- und
Ausklarierung der Schiffe haben wir schon gesprochen. Den

Zollbeamten wurde eingeschärft, daß sie ihr Augenmerk nur auf englische Waren zu richten hätten, daß das Warenregister des französischen Zollgesetzes nicht ohne weiteres auf diese Gegenden anzuwenden sei, indem z. B. in Frankreich jedes importierte Tuch aus England stamme, während man hier Unterschiede zu beobachten habe; überhaupt sollten die Zollbeamten stets bedenken, daß sie sich nicht innerhalb der französischen Grenzen, sondern in einem befreundeten Lande befinden, auf dessen Handel Rücksicht genommen werden müsse. Wo es ging, wurde die Tätigkeit der Zollbeamten erschwert oder vereitelt. Statt z. B., wie es Vorschrift und zweckentsprechend war, einen Douanier auf die in die Elbe einlaufenden Schiffe zu setzen, der sie von Stade bis Hamburg begleiten und etwaige Betrügereien verhindern sollte, befahl Brune, daß diese Aufsicht von unwissenden Matrosen oder Soldaten ausgeübt werde. Eine Zeitlang zwang er sogar den Zollinspektor Eudel die Zollinie Travemünde—Harburg—Stade aufzuheben und seine 300 Zollwächter in Stade und Curhaven zusammenzuziehen. In der Zwischenzeit bewerkstelligte sich der Schmuggel natürlich mit größter Bequemlichkeit.

Die Aufdeckung dieser Dinge hatte zur Folge, daß Brune am 23. Juli 1807 abberufen wurde. Aber auch mit seinem Nachfolger Bernadotte war Napoleon nicht zufrieden; er warf ihm später vor, daß er „in Hamburg viel Geld gemacht habe". Tatsächlich fand sich Bernadottes Namen auf einer Liste derjenigen Franzosen, die vom Hamburger Senat mit „Geschenken" bedacht waren. Auch bei einem Verkauf konfiszierter Schiffe in Lübeck wies ihm de Tournon Unterschlagungen nach. Die Kaufleute hatten den leutseligen „Prinzen von Ponte-Corvo" gern und sahen nur mit geheimem Schmerz den Tafelluxus, den er trieb und den sie aus ihrer Tasche bezahlen mußten. Seine Verpflegung kostete täglich 1000 fr., die aller höheren Offiziere im Monat über 100 000 fr.

Das sicherste Mittel, den Schmuggel zu verhüten, so erklärte de Tournon in seinem Bericht, sei, die holsteinischen Häfen, Tönning, Kiel, Glückstadt, Husum zu besetzen. Ginge dies aber aus politischen Gründen nicht an, so müsse man wenigstens den sachverständigen Zollbeamten die Aufsicht allein überlassen, ihnen volle Freiheit des Handelns geben, und Militär und Gensdarmerie anweisen, nur auf Verlangen der Douane einzugreifen, im übrigen aber sich in die Zollangelegenheiten nicht zu mischen. Inspektor Eudel machte noch besonders auf den Mißbrauch aufmerksam, der mit den Ursprungszertifikaten bei der Einklarierung der Schiffe getrieben werde. Auf seinen Antrag ist das Dekret vom 6. August 1807 zurückzuführen, das den Bezug englischer Waren aus Holstein endgültig verhindern sollte. Demzufolge gab es zunächst eine vollständige Aufzählung der Waren, die, ohne weitere Prüfung ihrer Herkunft, einfach ihrer Beschaffenheit nach, als englisches Erzeugnis anzusehen waren: bestimmte einzeln aufgezählte Gewebe aus Baumwolle, Wolle und Haaren; Musseline und weiße oder farbige Kattune, ausgenommen gewisse zum Bedrucken bestimmte weiße Kattune, die aus Dänisch-Indien stammten und von den Hamburger Kattun-Druckereien verbraucht wurden; wollene und baumwollene Mützenartikel; Knöpfe aller Art; alle Arten von Geschirr, Kurzwaren, Kunstdrechslerarbeiten, Erzeugnissen der Uhrmacherei, Arbeiten in Kupfer und Stahl, alle Leder- und Fellarbeiten; Bänder, Gaze-Artikel und Spitzen; Glas- und Kristallfabrikate; alle Arten von Fayence- und Töpferarbeiten; endlich raffinierten und Lompenzucker. Für die Kolonialwaren verlangte das Dekret Ursprungszeugnisse der Konsuln, die ausdrücklich bescheinigten, daß die Waren weder den englischen Kolonien noch überhaupt dem englischen Handel entstammten. Endlich überließ das Dekret dem Zollinspektor und seinen Angestellten die volle und alleinige Aufsicht über die Warenbewegung.

Selbstverständlich riefen diese Anordnungen eine Flut von Protesten hervor. Eine durch Syndikus Doormann dem Ministerium des Äußeren übermittelte Eingabe vom 7. Oktober 1807 bestritt vor allem die Richtigkeit der Annahme des Dekrets, daß alle in ihm aufgezählten Gewebe englischer Herkunft seien. Überhaupt stamme ein großer Teil der angeführten Artikel aus deutschen Fabriken, besonders aus Westfalen, Sachsen, Nürnberg, Solingen (Werkzeuge, Messer); aus Schlesien kämen Felle und Wolle, aus Böhmen Glaswaren usw. Diese Einwände waren durchaus berechtigt; namentlich ist es unzweifelhaft, daß schon damals, genau wie heute, viele deutsche Fabrikate unter englischer Marke gingen, weil sie sich so besser verkauften. Die Eingabe machte ferner auf die Schwierigkeiten aufmerksam, die sich daraus ergaben, daß nicht überall in den Kolonien französische Konsulate beständen, um

Ursprungszeugnisse auszustellen. Die Einfuhr englischer Waren werde auch von Dänemark verhindert, das sich mit England im Kriege befinde.

Auch dieser letzte Hinweis entsprach den Tatsachen. Seit dem Bombardement von Kopenhagen und der Wegführung der dänischen Flotte durch die Engländer waren auch hier die Brücken abgebrochen, die noch von dem Inselreiche zum Kontinent führten. Dieser Umstand und die verschärfte französische Zollkontrolle bewirkten, daß im Herbst 1807 der blühende Schmuggelverkehr von Holstein ins Stocken geriet. Der Hafen von Tönning verödete wieder. Sehnsüchtig starrten die biederen Bürger des Städtchens an der Eider westwärts nach Helgoland hinüber. Denn dort blühte jetzt der goldene Weizen.

Der Grundgedanke des Kontinentalsystems: Zusammenschluß des ganzen Kontinents zur Abwehr englischer Anmaßung, war zweifellos berechtigt und gesund. In der Bewaffneten Neutralität von 1780 und 1800 hatten die baltischen Seestaaten ähnliche Ziele verfolgt. Das Kontinentalsystem ging zwar in seinen Mitteln über die jener Verbände hinaus; aber ihrem Wesen nach stellte die Sperre nichts anderes dar, als die Anwendung der monopolistischen englischen Handelsprinzipien auf England selbst, eine vollkommen gerechtfertigte Umdrehung des britischen Verfahrens. Hätte Napoleon ehrlich eine Sammlung der kontinentalen Mächte unter der Devise: „Kampf gegen den englischen Seedespotismus" erstrebt, so hätte man sich auch in Deutschland mit seiner Handelspolitik wohl befreunden können, wenn auch der Handel der Seestädte einen — sicher nur vorübergehenden — Schaden erlitten hätte. Aber davon war ja gar keine Rede. Napoleon dachte nicht daran, die kontinentalen Vasallen- und Nachbarländer auf gleichem Fuße zu behandeln. Seine ganze Politik lief darauf hinaus, die ökonomische Vorherrschaft Englands durch die Frankreichs zu ersetzen. Paris anstatt London sollte das Handels- und Verkehrszentrum der Welt werden. Die Vorbedingung des Gelingens der Sperre war die Zusammenfassung des Kontinents zu einem gemeinsamen Zollverbande, zu einer Art „geschlossenen Handelsstaats", wie ihn Fichte wünschte. Der Seehandel hätte dabei unter allen Umständen gelitten, aber das kontinentale Zollgebiet wäre groß genug gewesen, um bei freiem Spiel der wirtschaftlichen Kräfte sich ohne die

englische Kolonialwaren- und Rohstoffzufuhr mindestens solange
zu erhalten, bis England bezwungen war. Der Angriff auf
England wäre minder gewaltsam, aber vermutlich erfolgreicher
gewesen. Statt dessen wurde Frankreich durch hohe Schutzzölle
gegen die Einfuhr kontinental-europäischer Produkte abgesperrt,
den Nachbarländern dagegen eine gleiche Schutzzollpolitik verwehrt.
Die auf jede Weise begünstigte französische Industrie überschwemmte
das übrige Europa mit ihren Fabrikaten und schlug die übrigen
kontinentalen Wettbewerber mit Leichtigkeit aus dem Felde; die
Vasallenländer mußten ihr sogar vielfach Einfuhrmonopole oder
Vorzugszölle gewähren. Durchaus richtig hatte Schiller den inneren
Sinn dieses Kampfes erfaßt, wenn er die Lage Europas in den
bekannten prachtvollen Strophen malte:

> „Zwo gewaltige Nationen ringen
> Um der Welt alleinigen Besitz.
> Aller Länder Freiheit zu verschlingen,
> Schwingen sie den Dreizack und den Blitz.
>
> Gold muß ihnen jede Landschaft wägen —
> Und wie Brennus in der rohen Zeit
> Wirft der Franke seinen ehernen Degen
> In die Wage der Gerechtigkeit.
>
> Seine Handelsflotten streckt der Brite
> Gierig wie Polypenarme aus
> Und das Reich der freien Amphitrite
> Will er schließen wie sein eigen Haus."

„Gold muß ihnen jede Landschaft wägen" — in der Tat,
das Kontinentalsystem, so wie es praktisch gehandhabt wurde, war
nichts als eine große Ausplünderung des Kontinents, besonders
Deutschlands, Italiens und der Schweiz, zugunsten Frankreichs.
Frankreich und England rangen um den Sieg, und wir durften
die Kosten bezahlen. Napoleons Finanzminister Gaudin besaß
Einsicht genug, um zu bemerken, daß der Erfolg der Kontinental-
sperre hauptsächlich von dem guten Willen der Verbündeten
Frankreichs abhängen werde. Das französische Raubsystem, die
Zoll- und Steuerschikanen, verbunden mit der Ohnmacht Frank-
reichs, die neutrale Schiffahrt zu schützen, wirkten aber gerade
umgekehrt darauf hin, den guten Willen der Vasallen zu ertöten.
Damit hatte England gewonnenes Spiel. Es war nun, wie der
Verfasser einer anonymen Denkschrift ganz richtig bemerkt, so

unmöglich „die Engländer durch Sperren vom Kontinent auszuschließen, ohne Flotten zu haben, als den Vögeln zu verbieten, bei uns Nester zu bauen". Wären die Interessen Frankreichs und der Neutralen wirklich zusammengefallen, so möchte es so schwer nicht geworden sein, die zufliegenden englischen Vögel zu verjagen und ihre Nester zu zerstören.

Mit anderen Worten: die einseitige monopolistische Zollpolitik Napoleons bot England eine wirksame Handhabe, die Kontinentalsperre seinerseits als wirtschaftliches Kampfmittel zu benutzen. Die Ziele Englands treten erst allmählich klarer hervor. Die englische Geheimratsverordnung vom 16. Mai 1806 hatte sich erst begnügt, über die ganze Küstenstrecke von Brest bis zur Elbe die Blockade zu verhängen, doch nur über die Strecke Brest—Ostende in strenger Form. Nachdem aber Napoleon sich Norddeutschlands bemächtigt und im Berliner Dekret den Fehdehandschuh hingeworfen hatte, folgte englischerseits Schlag auf Schlag: Am 7. Januar 1807 verbot ein englischer Kabinettsbeschluß allen Verkehr neutraler Schiffe zwischen den Häfen Frankreichs und seiner Verbündeten oder solchen Häfen, die soweit unter französischer Kontrolle standen, daß britische Schiffe dort nicht frei verkehren konnten. Von dieser Verordnung wurde besonders die Schiffahrt unter dänischer und amerikanischer Flagge hart betroffen. Der Küstenverkehr eines großen Teils von Europa wurde damit für eine freie Beute der englischen Kaper erklärt. Das Bombardement von Kopenhagen, die Wegnahme Helgolands und der dänischen Flotte waren weitere Schritte auf dem Wege, die Blockade des Kontinents wirksam zu machen. Ihr letztes Ziel aber enthüllte die englische Seepolitik in den Kabinettsbeschlüssen vom 11. und 18. November 1807. Diese verfügten zunächst, daß alle Häfen Frankreichs, seiner Verbündeten und derjenigen Länder, in denen die britische Flagge vom Verkehr ausgeschlossen wurde, denselben Beschränkungen in Bezug auf Handel und Schiffahrt zu unterwerfen seien, als ob sie tatsächlich in der schärfsten Weise blockiert würden. Da es selbst der britischen Flotte mit ihren 120 Linienschiffen und 152 Fregatten (1806)[1]) unmöglich war, jeden einzelnen dieser Häfen effektiv zu blockieren, so war damit über die halbe

---

[1]) Die Zahlen geben im Unterschied zu den von Hitzigrath mitgeteilten den Bestand der aktiven Flotte an. W. L. Clowes, The Royal Navy V, 10

Welt eine „Papier=Blockade in der unverhülltesten Form und im ausgedehntesten Maßstabe" verhängt (Mahan). Eine solche Papier=Blockade war gleichbedeutend mit dem konzessionierten Seeraub gegen alle Neutralen, die sich nicht den englischen Bedingungen unterwarfen. Und diese lauteten: ausnahmsweise dürfen neutrale Schiffe direkt zwischen den Häfen feindlicher Kolonien und den eigenen Häfen sowie den Freihäfen britischer Kolonien verkehren. Dadurch sollte deren Ausfuhr begünstigt werden. Die wichtigste Bedingung aber bestand darin, daß neutrale Schiffe auch nach einem blockierten oder feindlichen Hafen versegeln durften, sich aber dann verpflichten mußten, unterwegs einen englischen Hafen anzulaufen, sich untersuchen zu lassen und eine Abgabe von durchschnittlich 25 % des Wertes der Ladung zu zahlen. Daß die Engländer ein schrankenloses Visitationsrecht für ihre Kreuzer beanspruchten, versteht sich von selbst. Der Seehandel der Neutralen war damit vollständig der englischen Willkür ausgeliefert. Wie es ganz richtig formuliert worden ist, „die Unterdrückung des neutralen Seehandels, von Jahr zu Jahr verschärft, wurde für England allmählich aus einem Kampfmittel ein Kampfziel" (von Peez=Dehn). Dr. Georg Gröning, der Bremer Senator, hatte Napoleon diese Wirkung vorhergesagt: „Die Engländer erhalten durch unsern Ruin das Monopol alles Handels". Man schätzte den Zolltribut, den die Neutralen auf diese Weise an Großbritannien entrichten mußten, auf jährlich 320—400 Millionen Mark, ob mit Recht, müssen wir freilich dahingestellt sein lassen.

Auf diese englischen Verordnungen antwortete Napoleon mit den drakonischen Maßnahmen der Mailänder Dekrete vom 23. November und 17. Dezember 1807: Jedes Schiff, das sich den englischen Bedingungen fügte, sich durchsuchen ließ oder gar einen englischen Hafen anlief und die geforderte Abgabe zahlte, galt damit eo ipso für denationalisiert, für englisches Eigentum, und damit, wenn es in den Machtbereich französischer Kriegsschiffe oder Behörden geriet, als gute Prise. Schiffer und Matrosen, die die Landung in England verschweigen oder falsche Angaben darüber machen, verfallen in schwere Buße. Die bereits früher verordneten Ursprungsatteste für Kolonialwaren müssen künftig nicht nur allgemein den nichtbritischen Ursprung bezeugen, sondern genau den Ort der Herkunft angeben.

Damit war der Gegensatz auf die Spitze getrieben. Wille stand gegen Wille, aber wie schon bemerkt, ohne Flotte und ohne den guten Willen der Vasallen und Neutralen konnte Napoleon nichts durchsetzen. Auch die Mailänder Dekrete haben die Fortdauer des englischen Handels nach dem Kontinent nicht verhindern können.

Am 5. September 1807 hatte eine englische Fregatte die in dänischem Besitz befindliche Insel Helgoland zur Übergabe genötigt. Seitdem diente das kleine Eiland als Hauptausgangspunkt für den Schmuggelhandel nach dem Kontinent. Eine Menge Kaufleute hielt sich kürzere oder längere Zeit hier auf, nach dem Berichte eines dänischen Beamten gegen 200; sie reisten unter fremdem Namen und mit falschen Pässen hin und her, mehrere ließen sich dauernd auf der Insel nieder. Große Handelshäuser aus England, Deutschland und Holland unterhielten hier Agenturen. Die Waren kamen meist von England in Flotten von 30—40 Schiffen und häuften sich auf Helgoland bald derartig an, daß vieles unter freiem Himmel aufgestapelt werden mußte. Der Verkehr nach dem Festlande ging vornehmlich über die ostfriesischen Inseln, die Ems, die Jade, zum Teil auch die holsteinische Küste. Die kleinen ostfriesischen Küstenfahrer und Fischerboote, deren oft 80—90 zugleich vor Helgoland lagen, konnten den Verkehr kaum bewältigen und fanden reichen Verdienst. Bis zu den Inseln dienten ihnen einige von England gesandte Lugger zum Schutz, und bei Nacht und Nebel wurden dann die Ladungen über das Watt nach dem Festland geschafft. Auch die Post wurde anfangs von dem Vogt auf Neuwerk übernommen, nach dessen Tode sperrten die Franzosen in Kuxhaven diesen Weg, und seitdem ging die Korrespondenz ebenfalls über die ostfriesischen Inseln.

Natürlich blieb den Franzosen dieser Schleichhandel kein Geheimnis. Ein Dekret vom 13. November 1807, das alle wesentlichen Bestimmungen der Mailänder Dekrete voraus nahm, dehnte die Gültigkeit der Verordnung vom 6. August 1807 (s. oben S. 27) auch auf die Weser aus. Auch Neuwerk und vor allem die Watten sollten überwacht werden. Eine Ministerialverordnung vom 16. Oktober hatte das Einlaufen jedes Schiffes, selbst eines französischen, mit Kolonialwaren in die Elbe schlechtweg verboten. Bourrienne, der, obwohl später einer der schärfsten Kritiker des Kontinentalsystems, sich die Durchführung der Sperre eifrig

angelegen sein ließ, ging soweit, sogar die Ausfahrt der Fischer=
boote zu untersagen. Aber es fehlte an Zollwächtern, um den
Maßnahmen Nachdruck zu geben. Der Schmuggel über die Jade
und die übrigen oldenburgischen Gewässer ging um so leichter vor
sich, als das Herzogtum Anfang 1808 mit Rücksicht auf russische
Wünsche von den französischen Truppen geräumt wurde. Wahr=
scheinlich auf Bouriennes Vorschlag wurde daher später wieder
ein Zollposten nach Eckwarden am rechten Jadeufer gelegt, mit
einem Kutter, der in der Jademündung kreuzte. Auf Neuwerk,
in Kurhaven, Großwarden, Geestemünde und Blexen wurden
Batterien angelegt. Man dachte auch an einen Handstreich gegen
Helgoland, aber alle dahin zielenden Projekte mußten schließlich
als unausführbar verworfen werden.

Unter dem Druck der verschärften Sperrmaßregeln ging
natürlich der legitime Handel in den Hansestädten mehr und mehr
zurück. Mit dem Schleichhandel mochte sich nicht jeder befassen,
er bereicherte nur einzelne, und nicht immer die besten Elemente.
Und mochte er noch so eifrig betrieben werden, er konnte an
Umfang längst nicht dem rechtmäßigen Handel gleichkommen, wie
er in der vorhergehenden Friedenszeit betrieben worden war, zumal
auch das französische Aussaugungssystem den Konsum des Binnen=
landes zurückgehen ließ. Am schwersten litten wieder, wie schon
1803—05, die von kleineren Leuten betriebenen Hilfsgewerbe der
Schiffahrt, die Schiffbauer, Reepschläger, Wagenlader, Kornmesser,
Weinschröder, Dielenträger usw. In Lübeck vermochten diese ihre
Pacht an die Stadtkasse nicht mehr zu zahlen. Ebenso schlecht
ging es den Fabriken. In Hamburg waren die Kattunfabriken
völlig ruiniert, in den 4—500 Zuckersiedereien, die sonst etwa
5000 Menschen ernährten, wurde fast garnicht mehr gearbeitet, die
Tabakmanufakturen hielten sich etwas besser. Unmittelbarer noch
als der Handel wurden Reederei und Schiffahrt betroffen. Die
stilliegenden Schiffe, besonders für große Fahrt, verfaulten im
Süßwasser der Häfen, sodaß den Reedern auch ihr Kapital ver=
loren ging. Man versuchte zwar, wo es irgend ging, die Schiffahrt
weiter zu betreiben, doch bedeutend kann dieser Verkehr, über den
uns nur wenige zahlenmäßige Angaben zu Gebote stehen, keines=
falls gewesen sein.

Zweimal während der Zeit der Sperre, zu Beginn der

Jahre 1808 und 1809 wurde auf hanseatische Schiffe in westfranzösischen Häfen Embargo gelegt, ein Beweis, daß diese sich noch vereinzelt hinauswagten. Auch die Wattfahrt nach Holland, die vor englischen Angriffen ziemlich gesichert war, wurde fortgesetzt. 1807 waren noch einige Schiffe unter hanseatischer Flagge (4972 Tons im ganzen) nach Amerika gegangen, 1808 keines mehr. Die Grönlandfahrt stockte in den Jahren 1808—1815 völlig, mit Ausnahme des Jahres 1810, wo 9 hamburgische Schiffe in See gingen, zu deren Ausrüstung mehrere Kaufleute „den Rest ihres Vermögens zusammengesucht hatten, um selbst zu verdienen und besonders auch dem so sehr verarmten Volke Verdienst zu verschaffen". Mit knapper Not entgingen sie der Beschlagnahme durch die Engländer. Von den 51, 86, 78 Schiffen, die in den Jahren 1808—10 im Lübecker Hafen verkehrten (gegen 1572 im Jahre 1805!) waren die meisten kleine dänische Küstenfahrer.

Und während die Nahrungsquellen der Städte mehr und mehr versiegten, drückten die Lasten der Okkupation immer schwerer. In einem Schreiben an Bourrienne vom 2. März 1809 bezifferte Senator Westphalen den direkten Schaden, den Hamburg bis dahin durch die französische Besetzung erlitten hatte auf etwa 81 Millionen Mark Banko. In Bremen erpreßten die fremden Offiziere unerhört hohe Tafelgelder. Besonders die holländischen Generäle von Hasselt und Gratien taten sich durch eine geradezu schamlose Ausbeutung hervor, bis eine Beschwerde des Senats bei Bernadotte ihrem Treiben ein Ende machte. Die Verpflegung der Offiziere und die Unterhaltung der Lazarette kostete der Stadt in knapp zwei Jahren über eine Million Mark. In allen drei Städten mußten die Steuern wesentlich erhöht und durch neue vermehrt werden. Auch zu Zwangsanleihen sahen sich die Stadtregierungen verschiedentlich gezwungen.

Dem sinkenden Verdienst und dem erhöhten Steuerdruck standen steigende Preise gegenüber. Eine Flasche Bordeauxwein, die vor der Sperre für 6—8 Schilling zu haben war, kostete jetzt 20—24 Schilling; die schlechtesten Sorten von Kaffee und Zucker bezahlte man mit 30—40 Schilling das Pfund. In den meisten Häusern begnügte man sich mit einem Kaffeesurrogat von Zichorie, sogenanntem „Deutschen" oder „Kontinent-Kaffee", oder auch mit gebrannten Graupen oder Eicheln. Nur der spartanische Fichte hätte an dergleichen Wirkungen des ins Praktische übersetzten „geschlossenen Handelsstaats" wenigstens eine intellektuelle Freude empfinden können. Statt des Zuckers behalf man sich mit Syrup; der neue Rübenzucker war noch selten und teuer. Tabak war für minder Begüterte kaum erschwinglich; getrocknete Kastanien= oder Kirschenblätter oder Schafgarbe dienten als Ersatz.

Das Jahr 1808 bezeichnet den Tiefstand des Handels während der ersten Periode der Kontinentalsperre. Die amerikanische Flagge — und dies war fast die einzige neutrale Flagge, die sich noch auf See zeigte — verschwand nun ebenfalls vom Meere, seitdem die Embargo=Akte vom Dezember 1807 im Hinblick auf die von den kriegführenden Mächten drohenden Gefahren allen amerikanischen Schiffen die Ausfahrt untersagte. Im folgenden Frühjahr jedoch besserten sich die Verhältnisse plötzlich in überraschender Weise. Das war auf verschiedene Umstände zurückzuführen. Um den Handel mit den Häfen des Kontinents zu führen, die unter französischer Aufsicht standen oder den Verbündeten Frankreichs angehörten — vor allem Rußland kam hier in Frage — durften sich die britischen Schiffe nicht der heimischen Flagge bedienen. Schon 1807 hatte daher die englische Regierung begonnen, an scheinbar neutrale Schiffe sogenannte Lizenzen zu erteilen, die diese zu dem Blockadebruch bevollmächtigten und sie vor der Wegnahme durch die englischen Kreuzer schützten. In Wirklichkeit handelte es sich in der Hauptsache nicht um neutrale, sondern um britische Schiffe, die durch „Neutralisation" das Recht zur Führung einer neutralen (preußischen, dänischen, oldenburgischen, mecklenburgischen, kniphausischen) Flagge erkauft hatten. Als die Aufmerksamkeit Napoleons seit dem Frühjahr 1809 durch den Krieg mit Österreich von den Vorgängen in der Nord= und Ostsee abgelenkt war, ließ dort die Schärfe der Aufsicht nach und der Verkehr solcher neu= tralisierten Schiffe nahm gewaltig zu. In vielen Nordseehäfen ging der Seehandel fast wie in Friedenszeiten vor sich. In den Vereinigten Staaten war die Embargo=Akte am 1. März 1809 durch eine Non=Intercourse=Akte ersetzt worden, die den Verkehr wieder freigab, ausgenommen mit Frankreich und England, und selbst diese wurde von Juni an für einige Monate suspendiert auf die Versicherung des englischen Gesandten hin, daß England seine Blockadeverordnungen vom November 1807 gleichzeitig aufheben werde. In der Tat milderte das englische Ministerium durch einen Beschluß vom 26. April 1809 die Blockade wesentlich, beschränkte sie auf die Küsten Frankreichs, Hollands und der unmittelbar unter französischer Herrschaft stehenden Teile Italiens. Auch das eröffnete dem Seeverkehr günstigere Aussichten. Die Zahl der britischen Lizenzen, die vorher etwa 2600 betragen hatte, stieg 1809 auf über 15 000, die Einfuhr von Schiffbaumaterial nach Großbritannien verdoppelte sich und die britische Ausfuhr nach Deutschland schnellte von einer halben Million Pfund Sterling (1807) auf 6½ Million (1809) empor. Amerikanische Schiffe zeigten sich wieder zahlreich in England und in den kontinentalen Häfen. In Tönning liefen ihrer in diesem Jahre allein 119 ein; die Amerikaner hatten zwar viel unter dänischer Kaperei zu leiden, als diese aber im August verboten wurde, stand der Versorgung Holsteins mit Kolonialwaren nichts mehr im Wege, die dortigen Magazine waren bald überfüllt. Das Hamburger Geschäft über Tönning belebte sich wieder; man konnte hoffen, die großen dort angesammelten Vorräte allmählich, wenn auch unter Schwierigkeiten, über die Zollgrenze zu bringen und den binnenländischen Markt neu zu versorgen.

Auch in England war man guten Mutes. Bisher hatte der Vorteil aus dem wirtschaftlichen Kampf mit Napoleon die Nachteile entschieden überwogen. Es schien als sollten die Spottverse recht behalten, die der Schweizer D'Ivernois damals auf die Kontinentalsperre prägte:

> Votre blocus ne bloque point,
> Et grâce à votre heureux adresse
> Ceux que vous affamez sans cesse
> Ne périront que d'embonpoint

was wir auf Deutsch etwa so wiedergeben können:

> Ach, Eure Sperre, die sperrt nichts,
> Die Ihr durch Hunger wollt verderben,
> Läßt Euer Eifer höchstens sterben
> Am Übermaß des Fettgewichts.

III.
Die Annexion.

Aber gerade, als man sich solchen verfrühten Hoffnungen hingab, hatte Napoleon den Gipfel seiner Macht erklommen. Nach der Schlacht bei Wagram war Österreichs Widerstandskraft gebrochen, der Kaiserstaat sah sich vom Meere abgeschnittten. Napoleons Maßnahmen am Adriatischen Meere waren sichtlich darauf zugeschnitten, der Kontinentalsperre aufs neue strikte Durchführung zu sichern. Der Freundschaft Rußlands gewiß, holte der Unermüdliche zu einem neuen vernichtenden Schlage gegen den letzten unbezwungenen Gegner, gegen England, aus. Die bittere Erfahrung von Trafalgar hatte ihn gelehrt, daß sich Flotten nicht improvisieren lassen, er rechnete mit jahrelangen Vorbereitungen, aber er hoffte, während er seine Rüstungen betrieb, durch eine abermalige Verschärfung des wirtschaftlichen Kampfes, den Widersacher so sehr zu schwächen, daß seine Flotte nur noch den letzten Stoß gegen einen Ohnmächtigen zu führen haben werde. Die Vorbereitungen zu diesem Entscheidungskampfe besiegelten auch das Geschick der Hansestädte.

Die Frage nach der künftigen politischen Stellung der Städte war seit 1806 in der Schwebe geblieben. Nominell erfreuten sie sich voller Unabhängigkeit, die alten Verfassungen blieben in Kraft, mit Frankreich wurde auf diplomatischem Wege verkehrt, tatsächlich aber waren die Senate einfach die ausführenden Organe des kaiserlichen Willens. Das ganze Verhältnis trug jedoch den Charakter des Provisorischen an sich; eine endgültige Regelung schien um so bringender erforderlich, seitdem, im Frühjahr und Herbst 1808, auch Mecklenburg und Oldenburg ihren Beitritt zum Rheinbunde erklärt hatten, sodaß die Städte fast vollständig von dessen Gebiet umgeben waren. Im Jahre 1809 hatte ferner mehrere

Male die Gefahr vorgelegen, daß Aufständische sich in den Städten festsetzten und sie zum Mittelpunkt einer Erhebung machten. Schill war bis Bergedorf vorgedrungen und hatte einen Augenblick Miene gemacht, sich auf Lübeck zu werfen, der Herzog von Braunschweig hatte mit seiner Schwarzen Schar eine Nacht in Bremen biwakiert, bevor er sich in Elsfleth nach England einschiffte. Alle diese Umstände mußten es Napoleon nahelegen, die Städte in ein festeres Abhängigkeitsverhältnis zu bringen.

Im Herbst 1809 beauftragte der Kaiser Reinhard, den alten Freund der Hansestädte, damals Gesandten am Kasseler Hofe, sich mit Bourrienne ins Einvernehmen zu setzen und mit diesem den Entwurf zu einer neuen Verfassung der Städte auszuarbeiten. Reinhard und Bourrienne zogen zu ihren Konferenzen auch Vertreter der Städte, natürlich nur mit beratender Stimme hinzu. Bei diesen erregte die angekündigte Beschneidung ihrer Unabhängigkeit ziemliche Bestürzung. Für den Fall eines Beitritts zum Rheinbunde forderten sie jedenfalls völlige Gleichstellung mit den übrigen Bundesmitgliedern. Auch den alten Wunsch absoluter Neutralität im Kriege brachten sie wieder vor. Am liebsten hätten sie alles beim alten gelassen, d. h. bei Wahrung ihrer Souveränität nur in diplomatischem Verkehr mit dem Kaiser gestanden. Davon konnte natürlich bei allem Wohlwollen, das Reinhard und auch Champagny, der Minister des Auswärtigen, gegen die Städte zeigten, keine Rede sein. Auf Grund des im November 1809 übersandten Reinhard-Bourrienneschen Gutachtens arbeitete Champagny den Entwurf eines Vertrages über den Beitritt der Hansestädte zum Rheinbund aus: danach sollten diese in alle Rechte und Pflichten des Bundes eintreten, als ob sie zu den ursprünglichen Kontrahenten gehört hätten. Sie waren aber verpflichtet, dem Kaiser, der als Protektor die Freiheit, Unabhängigkeit und die Verfassung der Städte garantierte, in allen Anordnungen bezüglich des Kontinentalsystems und der Preß- und Fremdenpolizei ohne Verzug und ohne Bedingung Gehorsam zu leisten. Dem Protektor und dem Rheinbund gegenüber bildeten die Städte eine föderative Einheit, für die ein jährlicher Kongreß vorgesehen war. In dieser Einheit sollten sie nach dem ursprünglichen Vorschlage Villes Unies heißen, da sie aber auf den alten Namen „Hansestädte" großes Gewicht legten, billigte Champagny ihrer Gesamtheit die Bezeichnung Villes Impériales Anséatiques zu. Im Innern schlug das Projekt eine Vereinheitlichung der drei Stadtverfassungen, Verbesserung der Justiz, Einführung des Code Napoleon und des Code de Commerce, Gleichberechtigung der Konfessionen usw. vor. Natürlich mußten sie sich auch zur Stellung eines militärischen Kontingents verpflichten; an Neutralität war nicht zu denken.

Napoleon billigte am 24. Dezember 1809 den ihm vorgelegten Entwurf Champagnys. Zur Ausführung ist dieser trotzdem nicht gekommen. Wie Wohlwill wahrscheinlich gemacht hat, hängt diese Sinnesänderung des Kaisers damit zusammen, daß die wachsenden Anzeichen der Unzufriedenheit, die Aufstände des Jahres 1809, das Attentat von Staps, ihm die geplante festere Organisation des Rheinbunds gefährlich erscheinen ließen. Nicht ein engerer Zusammenschluß, sondern eine weitere Zerstückelung der deutschen Vasallenstaaten, dünkte ihm wünschenswert. Dazu kam, daß die geplanten Vorbereitungen zu einem neuen maritimen und kommerziellen Angriff auf England sich am besten durchführen ließen, wenn die Gegenden, die ihm als Basis zu diesem Angriff dienen sollten, seinem direkten Befehl unterstanden. Hatte er bisher die alte Verfassung der Städte aus Bequemlichkeit und Berechnung geduldet, weil deren Bevölkerung im Genusse scheinbarer Unabhängigkeit sich am leichtesten zufrieden gab, so waren diese kleinen Staaten, „deren System darin besteht, zu temporisieren" seiner Ungeduld jetzt nur im Wege. Was brauchte der allmächtige Gebieter Europas lange Rücksicht auf sie zu nehmen? Die Annektion war einfach eine Verwaltungsreform zur schnelleren und besseren Vorbereitung des Entscheidungskampfes mit England.

Jedenfalls tritt dieser Gesichtspunkt in den öffentlichen Äußerungen des Kaisers und seiner ausführenden Organe am stärksten hervor. Noch in seiner Erwiderung auf Champagnys Projekt meinte Napoleon: „Was man mir hinsichtlich der Hansestädte vorschlägt, scheint mir ziemlich vernünftig. Die Hauptsache ist, daß ich in der Lage bin, dort im Fall eines Seekrieges meine Befehle gegen die Engländer genau zur Ausführung zu bringen". Und im März 1811, in demselben Monat, in dem er in seinen Befehlen an den Marineminister neue gewaltige Flottenbaupläne entwickelte, erklärte er seine Absichten in voller Deutlichkeit in einer Ansprache an Deputierte der französischen Handels- und Gewerbekammern: „In vier Jahren werde ich eine Marine haben. Sind meine Geschwader erst drei oder vier Jahre zur See, dann können wir uns mit den Engländern messen", und in denselben Tagen an die Abgeordneten der annektierten Hansestädte: „der Seehandel, der Eure Stärke ausgemacht hat, kann künftig nur zugleich mit der Seemacht wieder aufleben. Auf einen Schlag muß das Völkerrecht, die Freiheit der Meere und der allgemeine Friede wieder hergestellt werden. Wenn ich über 100 Hochsee-Kriegsschiffe habe, werde ich England unterwerfen. Ich brauche die Matrosen Eurer Küsten und die Baumaterialien, die zu Euren Flußmündungen gelangen. Frankreich in seinen alten Grenzen konnte in Kriegszeiten keine Flotte bauen. Wenn seine Küsten blockiert waren, war es gezwungen sich zu fügen. Heute vermag ich, infolge des Zuwachses, den mein Reich seit sechs Jahren erfahren hat, jährlich 25 hochbordige Schiffe zu erbauen, zu bemannen und auszurüsten, ohne daß die Lage des Seekriegs es verhindern oder mich in irgend etwas hemmen könnte".

Schon im Sommer 1810 war Holland, dessen König Louis sich allzusehr um das Wohl seiner durch die Kontinentalsperre schwer geschädigten Untertanen besorgt gezeigt hatte, dem Französischen Reiche einverleibt worden; die Annektion der drei Hansestädte und der übrigen dazu bestimmten nordwestdeutschen Gebiete wurde formell durch ein Senatskonsult vom 13. Dezember 1810 ausgesprochen, nachdem Napoleon sie drei Tage zuvor mit der gebieterischen Notwendigkeit, dem englischen Handel diese Eingänge zu verschließen, begründet hatte. Hannover wurde zwischen Frankreich und dem Königreich Westfalen geteilt, wogegen gewisse Distrikte sowohl von Westfalen wie vom Großherzogtum Berg abgetrennt wurden, ohne daß man die Souveräne dieser Länder auch nur gefragt hätte. Die Einverleibung Oldenburgs erfolgte gegen den Protest des Großherzogs und seines Verwandten, des Zaren, und war bekanntlich einer der Gründe, die zum Bruche mit Rußland führten. Daß man in den Hansestädten keinen Widerspruch wagte, bedarf kaum der Erwähnung. Aus den Hansestädten, dem Herzogtum Lauenburg, den nordwestlichen Teilen Hannovers, dem Großherzogtum Oldenburg und einigen westfälischen Distrikten wurden die drei „hanseatischen" Departements:

Bouches de l'Elbe, Bouches du Weser und Ems Supérieur mit den Hauptstädten Hamburg, Bremen und Osnabrück gebildet. Militärisch entsprachen die drei Departements dem Bezirk der 32. Division; die oberste Gewalt vereinigte der von Napoleon zum Militär- und Zivil-Gouverneur ernannte Marschall Davout, Prinz von Eckmühl, in seiner Hand. Die innere Organisation der annektierten Gebiete wurde einer Kommission übertragen, die ihre Arbeit am letzten Tage des Jahres 1811 beendete. Wir brauchen auf die Einzelheiten der Verfassung der drei Departements hier nicht einzugehen. In den Hansestädten wurden die Senate natürlich beseitigt, doch ging ein Teil der Senatsmitglieder in die neue Verwaltung über. Zum Maire von Hamburg wurde der Senator Abendroth, zuletzt Amtmann in Ritzebüttel, ernannt, ein energischer, diplomatisch-geschickter Reichsstädter vom alten Schlage; als Maire in Lübeck waltete der frühere Bürgermeister Tesdorpf, später der ehemalige Syndikus Gütschow; in Bremen der Professor Wichelhausen, alles tüchtige Männer, die ihrer schwierigen Aufgabe, die Interessen ihrer Heimatstädte auch unter dem despotischen fremden Regime zu vertreten, nach Möglichkeit gerecht geworden sind.

In der Proklamation, die der Generalgouverneur Davout bei Übernahme seines Kommandos am 9. Februar 1811 an die Bevölkerung richtete, kündete er den gigantischen Plan einer Kanalverbindung der Ostsee mit den Strömen Frankreichs an. Dieses Kanalprojekt bildet in der Tat die Grundlage des ganzen, für die Annektion maßgebenden Angriffsplans gegen England. Die annektierten Gebietsteile stellten gewissermaßen nur das Ufergelände dieses Kanals dar. Nach Behauptung der Königin Katharina von Westfalen soll ihr Gemahl Jerome die Idee angeregt haben. In Wirklichkeit ist sie jedoch bereits in einer Denkschrift aus der Zeit des Rastatter Kongresses nachweisbar. Der Caual de la Seine-Baltique sollte für die durch die englische Blockade unmöglich gemachte Verschiffung der Ostseeprodukte auf dem Seewege einen billigen Binnenschiffahrts-Transportweg schaffen. In militärischer Beziehung war dabei hauptsächlich an die Verfrachtung von Schiffbauholz und dergleichen gedacht. Zum militärischen Eckpfeiler dieses ganzen antibritischen Rüstungssystems war Antwerpen, der künftige Kriegshafen des Reichs, bestimmt, zum kommerziellen Paris, der Zentralstapelplatz des Kontinents. Eine von Napoleon eingesetzte Ingenieur-Kommission schlug nach eingehenden Untersuchungen drei Linien für das gewaltige Werk vor: einen Küstenkanal von der Zuidersee über Zwartsluis, Assen, Leer, Oldenburg, Vegesack, Bremervörde, Stade; einen Zentralkanal über Kampen, Zwolle, Meppen, Diepholz, Wildeshausen, Delmenhorst, Bremen, Stade, und einen Grenzkanal über Wesel, Haltern, Münster, Bielefeld, Minden, Buxtehude. Zur Ausführung empfahl sie, seiner Billigkeit wegen, den Küstenkanal. Dazu kam noch ein Kanal Hamburg-Lübeck auf der Alster- oder Stecknitzlinie; die Wasserverbindung zwischen der Zuidersee, Antwerpen und Paris bestand schon. Man entschied sich schließlich, die Ausmündung des Kanals in die Elbe nach Altenbruch zu legen, wo außerdem ein großes Marine-Arsenal mit einer Schiffswerft zum Bauen von gleichzeitig drei Linienschiffen und einer Fregatte und zur Ausrüstung von zwölf Linienschiffen und ebensoviel Fregatten vorgesehen war. In Hamburg selbst sollte ebenfalls eine leistungsfähige Schiffswerft mit einem Bagno für 600 Galeerensträflinge errichtet werden. An Insassen würde es bei den drakonischen Urteilen des Prevotal-Gerichtshofes gegen Schmuggler nicht gefehlt haben..... Der Bau des Marine-Arsenals lag Napoleon vor allem am Herzen. Die von ihm am 18. März 1811 verfügte Marine-Inskription in den hanseatischen Departements wurde deshalb mit besonderem Eifer betrieben: 3000 Seeleute sollten hier ausgehoben werden; jeder Bürger von über 18 Jahren, der anderthalb bis zwei Jahre zur See gefahren war, mußte sich in die Listen einschreiben lassen.

Alle diese Pläne sind jedoch unausgeführt geblieben. Von dem Kanalprojekt scheinen den Kaiser besonders die hohen Kosten abgeschreckt zu haben, die im umgekehrten Verhältnis zur Rentabilität des Wasserwegs in Friedenszeiten standen. Er äußerte schon im Januar 1811, der einfachste Weg von Hamburg nach Holland sei der durch die Watten, zu dessen Schutz er die ostfriesischen Inseln befestigen lassen wolle. Der Bau des Kriegshafens an der Elbe ist wohl nur infolge der Vorbereitungen zum russischen Feldzug unterblieben.

Während so die militärischen Rüstungen gegen England — allerdings mehr in maßlosen und phantastischen Plänen, als in wirklichen Taten — ihren Fortgang nahmen, suchte Napoleon auch den wirtschaftlichen Kampf aufs neue zu organisieren, nachdem er, wie wir sahen, im Jahre 1809 teilweise einen Zusammenbruch erlebt hatte. Drei Momente sind für die Handhabung der Kontinentalsperre in den Jahren 1810—1813 charakteristisch: das System der Lizenzen, der Zolltarif von Trianon und die militärische Grenzsperre zur Verhinderung des Schmuggels.

Der Begriff der „Lizenz" war auf französischer Seite derselbe wie auf englischer: eine für den Einzelfall gemachte Ausnahme von den allgemeinen Schiffahrts- und Handelsverboten. Lizenzen waren hier ebensowenig etwas ganz neues wie in England, aber erst seit 1809 machte die französische Regierung häufiger Gebrauch davon. Es gab verschiedene Arten von Lizenzen, solche, die nur die Einfuhr von Schiffbaumaterial und Medikamenten, oder von Tuchen, Öl und dergleichen, andere, die gegen Ausfuhr französischer Seidenstoffe und Weine auch die Einfuhr von Kolonialwaren, Baumwolle usw. gestatteten. Seit August 1810 erhob Napoleon die Ausgabe von Lizenzen zum System; fortan sollte keinem Schiff mehr ohne Lizenz die Ein- oder Ausfahrt gestattet werden. Unter besonderen Bedingungen war gegen Lizenz auch die Fahrt nach England erlaubt. Man hat den Kaiser wegen dieser Inkonsequenz, dieser Durchbrechung des Kontinentalsystems heftig getadelt. Es scheint jedoch, daß die Absicht durch den Verkauf der Lizenzen eine neue Einnahmequelle für seine Kassen zu erschließen, für ihn nicht im Vordergrund stand, obwohl dieser fiskalische Zweck ebenso wie die Begünstigung der Ausfuhr französischer Manufakturen zweifellos mitsprach. Der Hauptzweck Napoleons ist vielmehr wahrscheinlich in dem wohlberechneten Plan zu suchen, durch eine begrenzte Zulassung des Verkehrs mit England das Bargeld aus dem Vereinigten Königreich herauszuziehen und so den britischen Staatskredit zu erschüttern. Deswegen begünstigte er vor allem die Ausfuhr von Getreide aus den norddeutschen Häfen nach England. Ein Dekret vom 22. Juli 1810 verordnete die Erteilung von Speziallizenzen an hanseatische Schiffe aus Danzig, Lübeck, Hamburg und Bremen zur Fahrt nach Dünkirchen, Nantes und Bordeaux. Sie durften England berühren, jedoch keine englischen Waren nach den französischen Häfen einführen, sollten diese vielmehr nur in Ballast oder mit nordischen Produkten, Schiffbaumaterialien usw. anlaufen.

Übrigens haben von den übersandten Lizenzen nur wenige

hansestädtische Schiffe Gebrauch gemacht; bis Ende 1810 gingen nur 33 Schiffe mit insgesamt etwa 7400 Tonnen und einer Ladung im Werte von rund 5 Millionen Franks aus Hamburg, Bremen und Lübeck in See, die an Lizenzgebühr etwa 445 000 Franks zahlten. Dagegen entsandte Danzig allein 1810 die dreifache Zahl von Schiffen mit Lizenzen, hauptsächlich mit Getreide nach England. Auf den britischen Inseln herrschte in den Jahren 1809, 1811/12 Mißwachs und Teuerung. Nach Rose hat Napoleon damals durch die Zulassung der Getreideausfuhr aus den baltischen Häfen England vor der Hungersnot errettet. War er wirklich so kurzsichtig? Es verdient doch bemerkt zu werden, daß er sein Ziel, den englischen Barvorrat zu erschöpfen, fast erreicht hat. Im Jahre 1815 belief sich die Goldreserve der Bank von England nur mehr auf 2 Millionen Pfund.

Durch die Erlasse von Trianon vom 5. August 1810 glaubte Napoleon den Schmuggel wirksam bekämpfen zu können. Der eine Erlaß führte für Frankreich und seine Vasallenstaaten einen neuen Zolltarif mit außerordentlich hohen Zollsätzen auf koloniale Genußmittel und Rohstoffe ein, Sätzen, die den Warenwert oft weit überstiegen. Der andere Erlaß bestimmte, daß bereits eingeführte oder bis zu einem bestimmten Termin deklarierte Kolonialwaren erlaubter Herkunft gegen Erlegung eines Nachzolls von 50 % des Wertes frei gehandelt werden dürften. Als erlaubte Kolonialwaren galten alle, die von guten Prisen stammten, oder gegen Lizenz und unter neutraler Flagge eingeführt waren. Britische Kolonialwaren und vor allem Manufakturen blieben nach wie vor verboten; doch sollten die Zollbeamten bei der Prüfung der Herkunft der Waren nicht gar zu streng verfahren. Der nachträgliche Zoll war auf 50 % festgesetzt, weil nach Napoleons Informationen soviel der durchschnittliche Gewinn beim Schmuggelhandel betrug. Der Kampf wendete sich also gewissermaßen von den Schmugglern ab und gegen die ehrbare Kaufmannschaft. Früher hatte eine Ware, wenn sie einmal durchgeschmuggelt war, frei zirkulieren können. Dadurch, daß jetzt alle in den Magazinen der Kaufleute befindlichen Kolonialwaren, sie mochten geschmuggelt sein oder nicht, nachverzollt werden mußten, hoffte man den Schleichhandel unrentabel zu machen. Bereits im Juli 1810 waren auf diese Weise die in Holland lagernden Kolonial=

waren, zum größten Vorteil für die französischen Finanzen, dem freien Verkehr übergeben worden. Jetzt gedachte man in derselben Weise mit den ungeheuren Kolonialwarenvorräten zu verfahren, die sich namentlich im Laufe des Jahres 1809 in Holstein angesammelt hatten. Die Hamburger Kaufmannschaft begrüßte die Einfuhrerlaubnis mit Freude, erhob aber lebhaften Widerspruch gegen die außerordentliche Höhe des Zolls. Die Protestnoten, die Syndikus Doormann und der Gesandte Abel dagegen einreichten, blieben jedoch ohne Wirkung. Inzwischen erfolgte die Annektion. Im Frühjahr 1811 vollzog sich die Entleerung der holsteinischen Magazine; der Schlußtermin mußte mehrmals hinausgeschoben werden, weil die enormen Warenmengen nicht so schnell passieren konnten. Die Zollwagen in Hamburg waren von 5 Uhr morgens bis 7 Uhr abends ununterbrochen in Bewegung. Bis zum 9. April waren bereits über 17 Millionen Franken Einfuhrzoll vereinnahmt, teils in bar, teils in natura. Die Waren, die bei letztgenannter Verzollungsart an Zahlungs Statt eingingen, wurden nach Antwerpen und Köln gebracht und dort verkauft. Insgesamt gewann die französische Staatskasse durch diesen Kolonialwarenschub aus Holstein über 42¹/₃ Millionen Franken. Wir werden jedoch noch sehen, daß die Hoffnungen, die die Hamburger Kaufmannschaft trotz der ungeheuren Verteuerung durch den Zoll auf dieses Geschäft setzte, sich zum größten Teil als trügerisch erwiesen.

Daneben wurde der direkte Kampf gegen den Schmuggel noch verschärft. Im Herbst 1810 bestimmte Napoleon, um den Eifer der Douaniers und Soldaten anzuspornen, daß diesen ein Fünftel des Wertes der beschlagnahmten Waren zufallen solle. Das Militär wurde jetzt in viel ausgedehnterem Maße zur Zollbewachung herangezogen, freilich sehr zum Mißvergnügen der Zollverwaltung, die diesen Eingriff in ihre Rechte nur höchst ungern sah. Immer noch war es Helgoland, das hier als Warendepot für den Schleichhandel wie als Stützpunkt für englische Truppen und die englische Flotte, die französischen Behörden beunruhigte. Man kam dahinter, daß der Schmuggelverkehr sich besonders nach der Jade, nach dem linken Weser- und dem rechten Emsufer richtete. Varel war der Vermittelungsplatz für die Korrespondenz zwischen Helgoland und dem Kontinent. Die Bequemlichkeit, mit der der Verkehr hier vor sich ging, ließ sich nur durch Bestechung französischer Beamten erklären. Ein doppelter Truppenkordon, der längs der Seeküste und der holsteinischen Grenze gezogen wurde, machte allmählich den Schleichhandel im Großen im Bezirk der 32. Division (Morand) fast zu einer Unmöglichkeit.

Nicht zufrieden damit, ordnete Napoleon durch ein Dekret vom Oktober 1810 eine nochmalige peinliche Fahndung und Haussuchung nach verbotenen englischen Waren an. Was gefunden wurde, sollte öffentlich verbrannt werden! In der Tat fanden solche Verbrennungen im November 1810 auf dem Burgfelde bei Lübeck, im Dezember auf dem Grasbrook bei Hamburg und auf der Bürgerweide bei Bremen statt. In Hamburg wurden auf diese Weise Waren im Werte von über einer halben Million Franken vernichtet. Es machte auf die Zuschauer, sogar auf französische Beamte und Offiziere, einen unbeschreiblich abstoßenden Eindruck, wertvolle Tücher, Porzellangeschirre usw. dieser ebenso brutalen wie sinnlosen Maßregel zum Opfer fallen zu sehen. Der Haß, den diese blindwütigen Äußerungen eines starren Despotismus entzündeten, wog den geringen Nutzen, den sie dem Gewaltherrscher in seinem Kampfe gegen England boten, hundertfach auf.

Dürfte man den Berichten der Präfekten und ihrer Untergebenen glauben, so wäre die französische Herrschaft nicht nur mit Ruhe, sondern mit unverhohlener Befriedigung aufgenommen worden. Der Präfekt des Oberemsdepartements, Keverberg, entblödete sich nicht, von „unbeschreiblicher Begeisterung" von „Thränen der Rührung" zu fabeln, mit denen ihn „ehrwürdige Greise" als Vertreter der Landbevölkerung begrüßt hätten. Daß dies lächerliche Übertreibungen eines ordenssüchtigen Beamten sind, liegt auf der Hand. Aufrichtige Zufriedenheit mit dem neuen Regiment bekundeten wohl nur die Juden, für die die napoleonische Zeit ja überhaupt eine goldene Ära bedeutet. Die übrige Bevölkerung fügte sich zum größten Teil mit niedersächsischer Ruhe in das Unvermeidliche. Bei der großen Friedens- und Ordnungsliebe ihrer neuen Untertanen hätte es eine weniger kurzsichtige Regierung, sollte man meinen, mit Leichtigkeit vermeiden können, hier einen der gefährlichsten Aufstandsherde der Erhebung von 1813 zu schaffen.

Wohlmeinende Freunde der Hansestädte, wie Carl von Villers, der geborene Lothringer und lübische Adoptivbürger, glaubten diesen eine glänzende Zukunft unter der Herrschaft des kaiserlichen

Adlers ausmalen zu können. Auch Davout hatte ja in seiner Proklamation davon gesprochen, daß sie „gleich den alten Untertanen des Kaisers seiner Liebe und Sorgfalt teilhaftig werden würden", daß sie „ihr Handelsinteresse mit dem ihres neuen Vaterlandes künftig vereinigen sollten". In der Tat mochte mancher Kaufmann bei einem Blick auf das Gedeihen der linksrheinischen und belgischen Industrie die völlige Vereinigung mit Frankreich unter den gegebenen Umständen noch als die glücklichste Wendung für den darniederliegenden Handel ansehen. Selten ist eine Hoffnung ärger getäuscht worden.

Eine der französischen Regierung offenbar von sachverständiger hanseatischer Seite eingereichte Denkschrift vom 25. Dezember 1810 erörtert die Bedingungen, unter denen der Handel der Städte künftig allein bestehen könne. Da der Transport der baltischen Produkte auf dem projektierten Kanalwege zu teuer sei, müsse ein gewisser Seeverkehr, und zwar die Ausfuhr deutscher Rohstoffe und Manufakturen nach Frankreich, Holland, Spanien, Italien, umgekehrt die Einfuhr französischer oder neutraler Produkte und Kolonialwaren unbedingt zugelassen werden, englische Fabrikate selbstverständlich immer ausgenommen. Auch solle man den neutralen Aventure-Fahrern die Erwerbung englischer Lizenzen und die Versicherung ihrer Schiffe in England gestatten, um den etwaigen Schaden auf England abzuwälzen. Verbiete man den Seehandel weiter, so sei der Zusammenbruch der Städte unvermeidlich, und auch der Absatz französischer Produkte sei dann unmöglich, wenn alles Geld aus ihnen herausgezogen würde. Eine Wahrheit, gegen die selbst Napoleon blind blieb, bis es zu spät war! — Noch weiter gingen die Wünsche der Commerz-Deputation, die sie in einem am 1. Februar 1811 dem Syndikus Gries übergebenen Antrag formulierte: sie verlangte darin unter anderem Erklärung der Stadt zum Freihafen, freie Ein- und Ausfuhr des Transito-Gutes, freie Elbschiffahrt unter Aufhebung aller Zölle, Erhaltung der alten hamburgischen Handelseinrichtungen, der Assekuranz-Kompagnien, Posten usw.

Das mindeste, was man in den Hansestädten erwarten konnte, war die Einbeziehung in das französische Zoll-Inland, die tatsächliche wirtschaftspolitische Gleichstellung mit dem eigentlichen Frankreich. Davon war jedoch keine Rede. Die hanseatischen Departements wurden zwar durch die Dekrete vom 3. und 4. Juli 1811 der französischen Zollgesetzgebung unterworfen, aber die Zollgrenze gegen Frankreich (und Holland) blieb bestehen. Eingeengt zwischen diese und die anderen, ihn von seinem natürlichen Hinterland absondernden Zollinien befand sich der hanseatische Handel in höchst trauriger Lage. Die einzige Aufgabe, die ihm nach der Unterbindung allen überseeischen Handels blieb, wäre die einer Vermittlung des Verkehrs zwischen Frankreich (mit Holland) und Deutschland gewesen. Da die meisten Waren aber auf diesem Wege doppelten Zoll zu bezahlen hatten, war die Konkurrenz mit der direkten französischen Ausfuhr über die Binnengrenze fast unmöglich. Mußte doch z. B. ein Faß Wein, das von einer holländischen nach einer der hanseatischen Städte versandt wurde, den französischen Ausfuhrzoll bezahlen, obwohl es den Boden des Kaiserreichs nicht verließ. Viele Manufakturen, die sie aus Binnendeutschland zu erhalten gewohnt waren, mußten die Kaufleute jetzt, zum Teil auf Umwegen und mit außerordentlichen Unkosten, aus Frankreich beziehen, was die Unzufriedenheit natürlich noch mehrte. Selbst die französische Zollverwaltung in Hamburg sah das Unhaltbare dieses Zustands ein, setzte sich mit den Handelskammern — der neueingeführten Vertretung des Handelsstandes in den Städten — in Verbindung und übersandte dem Finanzministerium Ende 1811 eine Reihe von Vorschlägen, die namentlich auf die Erleichterung des hamburgischen und lübeckischen Nahverkehrs abzielten. Es wurde unter anderem beantragt, gewisse Waren aus der jenseits der Zollgrenze gelegenen Nachbarschaft, wie holsteinischen und mecklenburgischen Käse, Früchte, deutsche Kohlen nur mit einer Wagegebühr zu belegen, den Zoll für Salzheringe, Gerstengraupen, Barreneisen, Bleche, Werkzeuge, Häute usw. stark herabzusetzen, andere, verbotene Waren wie Glaswaren, Ofenkacheln u. dgl. gegen einen 10% Wertzoll zuzulassen; ebenso war die jährliche Einfuhr eines gewissen Kontingents von Tuchen und Flanellen zur Bekleidung gegen einen Zoll von 10% des Wertes, die zeitweilige Zulassung von Kattunen zum Bedrucken in den Hamburger Fabriken unerläßlich, die Ausfuhrerlaubnis für Kiefern- und Fichtenholz (worin Hamburg nach Holstein zu Bauzwecken starken Handel trieb), für Fleischwaren, Gold- und Silberwaren usw. wünschenswert.

Bis auf einige geringe Zugeständnisse blieben jedoch alle diese Wünsche unerfüllt. Das Ministerium sagte wohl eine Prüfung zu, aber im Drang der Umstände geriet alles in Vergessenheit.

Lange wurde über die Errichtung eines Entrepôt verhandelt, d. h. eines Magazines zur Lagerung der eingeführten und verzollten Kolonialwaren unter Zollverschluß, aus dem sie innerhalb einer begrenzten Zeit entnommen und ohne nochmalige Zollzahlung nach Frankreich und Holland versandt werden konnten. Nachdem die Einrichtung eines Entrepôt reel, d. h. eines wirklichen Magazingebäudes, vorläufig an der Platzfrage gescheitert war, wurde durch ein Dekret vom Juni 1812 wenigstens das Entrepôt fiktif, die Lagerung in einem beliebigen vom Eigner anzugebenden Speicher, genehmigt. Bedeutenden Umfang hat dieser Verkehr jedoch nicht erlangt. An Lizenzen wurden während des Jahres 1811 tatsächlich kaum drei Dutzend in den drei Hansestädten benutzt, auf Grund deren Waren im Werte von 6,2 Millionen Franken seewärts ausgeführt wurden; eine Einfuhr stand dem überhaupt nicht gegenüber. In den Lübecker Hafen lief während der Jahre 1811 und 1812 kein einziges Schiff ein. Den Reedereibetrieb erschwerte besonders die Vorschrift, daß ein Drittel des Werts der Ausfuhrladungen in Lyoner Seidenstoffen bestehen mußte, eine Maßregel, die natürlich durchaus nicht für diese entlegenen Teile des Reiches paßte. Bisweilen wurde deshalb den Reedern gestattet, die Seide statt seewärts aus-, nach Deutschland einzuführen, oder sie bei der Ausfuhr durch westfälisches Leinen zu ersetzen. Auch der Absatz der im Frühjahr 1811 in so großen Massen aus Holstein importierten Kolonialwaren nach Binnendeutschland begegnete den größten Schwierigkeiten. Seitdem die verschärften militärischen Maßnahmen den direkten Schleichhandel von Helgoland nach der deutschen Nordseeküste unterbunden hatten, richtete sich der englische Verkehr hauptsächlich nach der Ostsee, wobei Gotenburg und die kleine Insel Hanöe als Hauptstapelplätze dienten. Durch die englischen Handelsagenten und zum Teil unter Mitwirkung der preußischen Regierung, die den Schleichhandel zu einer ergiebigen Finanzquelle machte, wurden nun Preußen und Sachsen derart mit Kolonialwaren überschwemmt, daß die mit dem hohen französischen Zoll belasteten Vorräte der hanseatischen Kaufleute dagegen nicht aufkommen konnten. Wir haben also das eigentümliche Schauspiel, daß die Preise für Kolonialwaren in Binnendeutschland zwar acht- bis zehnmal so hoch standen als in London, daß sie aber trotzdem noch die Preise der von den gewohnten, alten Lieferanten dieser Artikel, den Hansestädten, einkommenden Waren unterbieten konnten.

Es ist klar, daß diese unnatürlichen Zustände nicht lange dauern konnten. Deutschland, ja ganz Europa befand sich in der Verfassung eines Körpers, dem die gewöhnliche Nahrungsmittelzufuhr abgeschnitten ist, und in dem der Kreislauf der Säfte stockt. Bis zum Jahre 1810 hatte die Widerstandskraft dieses Körpers die willkürlichen Eingriffe des großen Kurpfuschers ertragen. Jetzt trat die Krisis, der Verfall ein, und er ergriff nicht nur die unmittelbar geschädigten Teile, sondern auch die, zu deren Gunsten dieses ganze ökonomische Regime eingeführt worden war. Der Widersinn nicht des Kontinentalsystems an sich, sondern der einseitigen Bevorzugung Frankreichs rächte sich an ihrem eigenen Urheber.

Die Ironie der Geschichte wollte es, daß die Krisis von den mißhandelten Hansestädten ihren Ausgang nahm. Im September 1810 machte ein altangesehenes Lübecker Handelshaus, das des ehemaligen Bürgermeisters und Bankiers Rodde, Bankrott. Die Passiven betrugen 2½ Million Mark; einige führende Pariser Firmen waren mit 1½ Millionen Franken beteiligt. Als kurz darauf auch ein großes Amsterdamer Geschäft fallierte, brach eine furchtbare Panik am Pariser Markt aus, von Dezember bis Januar häuften sich die Zahlungseinstellungen in Paris, Hamburg und in der Provinz. Im Mai trat allmählich Beruhigung ein, aber nur, um einer völligen Stockung des Handels Platz zu machen, die sich auch in einem starken Rückgang der Staatseinnahmen äußerte. Noch im März 1811 rühmte sich Napoleon in seiner obenerwähnten Ansprache an die französischen Industriellen: „Seit 1806 habe ich mehr als eine Milliarde an Kontributionen hereingebracht. Österreich hat bereits Bankrott gemacht, Rußland wird ihn machen und England nicht minder". Er vergaß nur hinzuzufügen: „Und dann natürlich auch Frankreich". Das Aussaugesystem hatte die Kaufkraft der Nachbarländer so geschwächt, daß wichtige französische Industriezweige sich jetzt dem Ruin gegenübersahen.

Bei unbefangener Betrachtung der französischen Herrschaft in den hanseatischen Departements kommt man in der Tat aus dem Erstaunen über die Kurzsichtigkeit der Machthaber, dieses vollkommene Verkennen der einfachsten Gebote der Regierungsklugheit nicht heraus. Die souveräne Nichtachtung der Sitten und Lebensgewohnheiten anderer Nationen, die gewaltsame Völkerbeglückung, war allerdings eine Erbschaft, die die französischen Beamten von der Revolution übernahmen, aber die rücksichtslose materielle Schädigung der fremden Untertanen, um — koste es, was es wolle — das letzte, höchste Ziel, die Niederringung Englands und Rußlands zu erreichen, trug nur allzudeutlich den Stempel des Geistes ihres Herrn und Gebieters. Napoleon war wie ein Baumeister, der, um die Kuppel des Gebäudes zu vollenden, die Steine aus den Grundmauern herausnimmt. Die hohlen Prahlereien der Präfekten über die geplante Austrocknung der Moore, die Kultivierung der Heiden, die Anlegung eines Straßennetzes vermögen nicht, darüber hinwegzutäuschen, daß die französische Herrschaft im ganzen nur die Ausbeutung der annektierten Gebiete zu fremden, ihrer eigenen Wohlfahrt durchaus nicht dienlichen Zwecken im Auge hatte. Was die Beamten mit der einen Hand zu geben — versprachen, das nahmen sie mit der anderen Hand doppelt und dreifach. Der angekündigte Bau der Straße Wesel-Hamburg (übrigens vorwiegend zu militärischen Zwecken) wurde zwar zum Teil ausgeführt, aber nur dadurch ermöglicht, daß man die Arbeiter einfach nicht bezahlte. Unter dem eisernen Druck des zur Spitze getriebenen Kontinentalsystems, der Steuern, besonders der indirekten (Droits réunis), der Militärlasten machte die Verarmung der Bevölkerung reißende Fortschritte. In Mecklenburg wurde 1811 die Getreideausfuhr kurzerhand verboten, und diese Unterbindung ihres wichtigsten Nahrungszweiges trieb nicht nur die Bauern zur Verzweiflung, sondern ließ auch die Staatseinnahmen rapide zurückgehen. In Lübeck nahm die Bevölkerung durch Auswanderung ab, so daß schließlich gegen 200 Häuser leer standen. Eine Menge Grundstücke wurde mit großen Verlusten veräußert, etwa 300 kamen zur Subhastation, fanden aber wenig Käufer, und infolgedessen sank natürlich der Häuserwert. Auch die Zahl der Eheschließungen ging zurück. Ein großer Teil der im Elend verkommenden Bevölkerung suchte seinen Lebensunterhält durch Schmuggeln zu verdienen. In Hamburg beispielsweise war es namentlich von den Arbeitern der stillstehenden Zuckersiedereien bekannt, daß sie sich auf diese Weise durchschlugen. Wer nur ein Pfund Kaffee von Altona nach Hamburg unentdeckt durch die Douane brachte, hatte einen Tagesverdienst gewonnen. Die peinliche Zolluntersuchung, die widerliche Art und Weise, in der die Douaniers namentlich die Frauen brangsalierten, trug nur dazu bei, einen giftigen Haß gegen die Fremdherrschaft zu nähren. Mit Bedenken sahen einsichtige französische Beamte, wie die Bevölkerung auf diese Weise demoralisiert wurde, sich daran gewöhnte, Recht und Gesetz nicht zu achten. Selbst die barbarischen Strafen, die man über die Schmuggler verhängte, machten keinen Eindruck auf die armen Teufel, die der Hunger und die Verwilderung zu ihrem Gewerbe trieb.

In Anbetracht der großen Ausdehnung des Schleichhandels hatte man sich bei der Annektion zur Einrichtung von Spezialgerichtshöfen veranlaßt gesehen, und zwar von Standgerichten (Cours prévôtales) für Schmuggelsachen und von ordentlichen Zollgerichten für Unterschleife bei der Verzollung. Auf Schmuggelei standen schwere Zuchthausstrafen, bis zu zehn Jahren, und Brandmarkung. Die Einführung dieser Gerichte hatte die Folge, daß die Zahl der Verhaftungen und Verurteilungen sich ins ungeheure vermehrte. Sprach man doch von 100 000 Schmugglern, die in diesen Gegenden ihrem dunklen Handwerk oblagen. Die Gefängnisse waren überfüllt, dabei so ungesund, daß die Arrestanten massenhaft starben. Aus Mangel an Raum brachte man sie in fensterlosen, kalten und feuchten Kellern oder alten Türmen unter. In Bremen betrug die Sterblichkeit der Untersuchungsgefangenen 45 auf 200. Ein großer Teil der zu Zuchthaus Verurteilten wurde deshalb nach dem Bagno von Antwerpen abgeschoben.

Es läßt sich nicht leugnen, daß die französische Herrschaft auch manche Verbesserungen mit sich brachte, namentlich auf dem Gebiet der Rechtspflege, z. B. in der Vereinfachung des Strafprozesses, obwohl das Strafsystem des Code pénal als eine Verschärfung gegenüber der bisherigen Praxis empfunden wurde. Aber selbst wo die französische Verwaltung mit ihren Neuerungen die besten Absichten hatte, erntete sie wenig Dank. Ihr Versuch, den Anbau der Zuckerrüben durch Zwang einzuführen, stieß auf den verdrossenen Widerstand der Landbevölkerung, und die in den hanseatischen Departements zahlreich angelegten Zuckerfabriken vermochten trotz staatlicher Subvention nicht aufzukommen. Selbst die Bauernbefreiung erregte in den ehemals oldenburgischen und münsterschen Gebietsteilen nur die Unzufriedenheit der Befreiten, die sich in zahllosen Prozessen äußerte. Alles Gute wurde mehr als reichlich aufgewogen durch jene ebenso brutalen wie unklugen Eingriffe in das häusliche Leben des einzelnen, die zum Wesen des französischen Regierungssystems gehörten. Mehr noch als die materielle Schädigung durch die Kontinentalsperre, z. B. die Erdrosselung der ländlichen Leinenindustrie, und durch die Militär- und Steuerlasten haben die rücksichtslosen Haussuchungen der Zoll- und Regiebeamten und Gendarmen, die harten Strafen für geringfügige Vergehen — eine Reihe unzweifelhafter Justizmorde ist den französischen Behörden nachzuweisen —, die Zwangsarbeiten beim Bau der Befestigungen, der Jammer, der über viele Familien durch die Militär- und Marine-Konskription gebracht wurde, dazu beigetragen, jenen wütenden Haß gegen die Franzosen großzuziehen, der sich in den März-Aufständen des Jahres 1813 Luft machte. In den Städten kam dazu die geistige Unterdrückung, die willkürliche Behandlung der Presse, die Verletzung des Briefgeheimnisses. Auch die Bestechlichkeit und Geldgier französischer Beamter und Offiziere, für die gerade aus dieser letzten Zeit viele Beispiele vorliegen, war geeignet, die Gefühle der Verachtung und des Hasses allmählich über die der Furcht obsiegen zu lassen.

Kein Wunder, daß die Stimmung der Bevölkerung im Jahre 1812 sich gegen das Vorjahr merklich verschlechtert hatte. Selbst aus den schönfärbenden Berichten der Präfekten und Polizeibeamten geht das hervor. Man hatte sich endlich überzeugt, daß man auch unter den veränderten politischen Verhältnissen, nach formeller Gleichstellung mit den alten Untertanen des Kaisers, auf Gerechtigkeit, auf wirkliche Förderung nicht hoffen durfte.

Um die Jahreswende 1811/12 war die Spannung in dem wirtschaftlichen Riesenkampfe auf das Höchste gestiegen. Auf beiden Seiten machten sich deutliche Anzeichen der Ermattung bemerkbar. Denn auch Englands Widerstandskraft war nahezu erschöpft. Nach dem Aufschwung des Jahres 1809, der auch 1810, obwohl vermindert, fortdauerte, brachte das Jahr 1811 schwere Rückschläge.

Die Rimessen von Südamerika blieben aus, der Absatz an Kolonialwaren auf dem Kontinent wurde immer schwieriger, seitdem die Franzosen den hermetischen Grenzverschluß auch an der Ostseeküste bis Schwedisch-Pommern ausgedehnt und auch Schweden zur Annahme des Kontinentalsystems gezwungen hatten. Bargeld zeigte eine beängstigende Abnahme, die Bankrotte häuften sich, zahlreiche Fabriken feierten, das Heer der Arbeitslosen schwoll an. Jeder fühlte, daß eine Entscheidung herannahte, und die Frage war nur: Wer würde länger aushalten? Aber im Sommer 1812, als die Legionen des Imperators nach Rußland marschierten, ihrem Geschick entgegen, war die Antwort im Grunde schon gegeben. Die Handelslage besserte sich, der südamerikanische Verkehr lebte wieder auf, Westindien verlangte nach Zufuhren, Rußland öffnete seine Häfen, durch das befreite Portugal drangen britische Waren nach Spanien. England konnte sich regen, die Handelsstraßen der Welt standen ihm offen, während der Gegner in seiner Zwangsjacke erstickte. Die britische Regierung häufte Schulden auf Schulden, aber Frankreich zehrte sein Kapital an Geld, Menschen und Arbeitskräften auf. Auch ohne die russische Katastrophe hätte das Genie Napoleons nicht mehr vermocht, in dem Ringen zwischen dem Kontinent und dem meerbeherrschenden Britannien den Sieg an seine Fahnen zu fesseln.

IV.
Die Befreiung.

Am Weihnachtsabend 1812 verbreitete sich in Hamburg die Nachricht von der Niederlage des Kaisers, vom Untergange der Großen Armee in den Eiswüsten Rußlands!

Es kann nicht unsere Aufgabe sein, die Ereignisse des Befreiungsfeldzuges von 1813 in den nordwestdeutschen Küstenlanden zu schildern. Einige wenige Angaben mögen genügen, seinen Verlauf in den Grundzügen in das Gedächtnis zurückzurufen.

Die volle Gewißheit über den Umfang der französischen Niederlage in Rußland erzeugte alsbald bei der Beamtenschaft und der Besatzung der hanseatischen Departements Bestürzung und Kopflosigkeit, während sich in der Bevölkerung eine wachsende Gärung bemerkbar machte. Es ist charakteristisch, daß noch im Januar und Februar 1813 in Hamburg kaiserliche Blankolizenzen mit bedeutenden Vergünstigungen zum Verkauf ausgeboten wurden, aber keine Abnehmer fanden, weil man den nahen Sturz der napoleonischen Herrschaft voraussah. Am 9. März räumten die Franzosen Lübeck, am 18. zog Tettenborn, als Befreier mit unendlichem Jubel begrüßt in Hamburg ein. Zu beiden Seiten der Wesermündung, in Butjadingen und Wursten erhoben sich die Bauern in loderndem Haß gegen ihre Peiniger, durchzogen in tobenden Rotten unter dem Heulen der Sturmglocken die Dörfer und erstürmten die Batterien bei Blexen und Geestendorf — das einzige Beispiel eines wirklichen Volksaufstandes im denkwürdigen Befreiungsjahr. Dann kam der Rückschlag. Vom Rhein her zog Vandamme mit seinem Korps heran, um, ein französischer Alba, die Ordnung durch den Schrecken wiederherzustellen. Zwei Mitglieder der oldenburgischen Regierung, von Finckh und von Berger, die allzu unvorsichtig den Übergang zum altangestammten

Regiment hatten vorbereiten wollen, fielen als Opfer ihres Eifers, auch unter den friesischen Bauern wurde ein furchtbares Strafgericht gehalten. In Hamburg hatte der Senat die Verteidigungsmaßregeln nicht mit dem entschlossenen Ernste betrieben, wie sie die Lage erfordert hätte. Am 30. Mai war die Stadt wieder in französischen Händen und bekam nun die Rache für den vorzeitigen Befreiungsjubel zu fühlen. Die enorme Strafkontribution von 48 Millionen Franken wurde über sie verhängt und mit schonungsloser Härte eingetrieben; das ebenfalls wieder besetzte Lübeck kam mit 6 Millionen davon. In wenigen Monaten schuf Davout Hamburg zu einer Festung ersten Ranges um, und während Bremen im Oktober, Lübeck im Dezember, diesmal endgültig, die französischen Truppen abziehen sahen, hatten die unglücklichen Bewohner Hamburgs noch die Leiden des Belagerungswinters 1813/14 zu überstehen. Die letzte französische Regierungsmaßregel, die den Hamburger Handel traf, war die, freilich durch den Zwang der Umstände erklärliche, Entnahme der Barbestände aus der Hamburger Bank in Höhe von 7½ Millionen Mark Banko. Erst am 28. April 1814, vier Wochen nach dem Einzug der Alliierten in Paris, flatterte die weiße Fahne auf dem Michaelisturm.

Der Befreiung folgte die Wiederaufnahme des Handels auf dem Fuße. Am 13. Mai wurde die Börse, die während der Belagerung als Pferdestall gedient hatte, wieder eröffnet, am 17. langte das erste fremde Schiff, die englische „Amalia" von Hull im Hafen an, und in der letzten Maiwoche liefen bereits 59 Schiffe von See her ein. In Bremen war die Schiffahrt schon im November 1813 wieder eröffnet worden. Die ungeheuren Vorräte an Kolonialwaren und englischen Fabrikaten, die auf Helgoland, den Kanalinseln, zuletzt auch in Bremen aufgestapelt worden waren, flossen nun nach Hamburg ab und fanden bei zunächst sehr hohen, später sinkenden Preisen raschen Absatz. Allmählich kamen die alten Handels-Institutionen wieder in Gang, am Ende des Jahres waren annähernd die normalen Handelszustände hergestellt, die Ausnahme-Konjunktur konnte als überwunden gelten.

Es bleibt uns noch die Frage nach den Gesamtwirkungen und den dauernden Folgen der Kontinentalsperre für die Hansestädte zu beantworten. Von den ungeheuren Verlusten, die die Städte seit 1803 erlitten hatten, und die allerdings nur zum Teil

in unmittelbarem Zusammenhang mit der Sperre stehen, lassen
sich nur die der Staatskasse annähernd feststellen. Wir brauchen
darauf nicht nochmals zurückzukommen. Bemerkt sei nur, daß
bloß ein geringer Teil dieser Aufwendungen aus der französischen
Kriegsentschädigung wieder erstattet worden ist. Für die aus der
Hamburger Bank geraubten Depositen ist nach einem Vertrage
vom 27. Oktober 1816 durch Eintragung einer Rente von einer
halben Million Franken in das französische Staatsschuldenbuch
Ersatz geleistet worden; diese entsprach einem Kapital von 10 Millionen statt der entnommenen 13 Millionen Franken. Die
Schätzungen der direkten Verluste des Hamburger Privatkapitals
durch Verfügungen der französischen Regierung gingen außerordentlich weit auseinander, von 80 bis 150 Millionen Franken.
Ersetzt worden sind davon nach einem Vertrage von 1818 ebenfalls durch Rentenzahlung annähernd 52 Millionen. Lübeck erhielt
nur für die von ihm reklamierten Verluste seiner Bewohner in
der Zeit vom Juni bis Dezember 1813 in Höhe von 5,7 Millionen 2 Millionen Franken erstattet. Wieviel das Privatkapital
der drei hanseatischen Schwesterstädte indirekt durch die Einwirkung
der Kontinentalsperre verloren hat, läßt sich auch nicht annähernd
berechnen. Der Kapitalmangel hat sich noch Jahrzehnte fühlbar
gemacht. Lübeck, das an dem wiedereinsetzenden kommerziellen
Aufschwung nicht ohne eigene Schuld nur geringen Anteil nahm,
galt lange als eine herabgekommene und nahrungslose Stadt. —
Die Gewinne, die einzelne, teils durch den Schleichhandel, teils,
nach dem Frieden, durch Spekulationen im Wechselverkehr auf
London, durch das Steigen der Hausmieten usw. erzielt haben,
wiegen diese Schäden bei weitem nicht auf.

Die Zeitgenossen sind sich in ihrem Urteil über die Kontinentalsperre ziemlich einig gewesen. Als eine Maßregel, die den Verkehr
in der unnatürlichsten Weise gehemmt oder abgelenkt, die dem
Wohlstande der Nation tiefe Wunden geschlagen hat, ist sie ihnen
in Erinnerung geblieben. Neuerdings hat man demgegenüber
betont, daß die festländische Industrie, und zwar nicht nur die
Industrie Frankreichs und der annektierten linksrheinischen deutschen
und belgischen Gebiete, sondern bis zu einem gewissen Grade auch
die des rechtsrheinischen Deutschland durch die Kontinentalsperre
gekräftigt und zu einem erfolgreichen Konkurrenzkampfe gegen den

englischen Import befähigt worden sei. Für die linksrheinischen Länder kann man das zweifellos gelten lassen, für den größten Teil des deutschen Gewerbegebiets aber beschränkt sich der Gewinn, bei Lichte besehen, auf recht bescheidene Maße. Es kamen einige neue Industrien auf. Aber selbst die Rübenzuckerfabrikation, die während der Sperre zweifellos ihre Konkurrenzfähigkeit erprobt hatte, ging ebenso wie die sächsische Baumwollindustrie nach dem Fall des Kontinentalsystems fast vollständig wieder zugrunde und mußte später wieder ganz von vorn anfangen, wobei ihr die Erfahrungen der napoleonischen Zeit allerdings zugute kamen. Im übrigen erfreute sich die deutsche Gewerbetätigkeit gerade vor der Kontinentalsperre einer gewissen Blüte, und viele Industriezweige, besonders die alte und ausgebreitete, meist für die Ausfuhr arbeitende Leinenfabrikation litten unter den Sperrmaßregeln ungeheuer. Die deutsche Ausfuhr nach Großbritannien überstieg im Jahre 1800 den Betrag von 4 Millionen £, erreichte dagegen in dem Jahrzehnt nach Aufhebung der Kontinentalsperre im Maximum nur 2,6 Millionen. Diejenigen, die so zuversichtlich der Kontinentalsperre eine belebende Wirkung auf die deutsche Industrie zuschreiben, sollten zunächst sich die Frage vorlegen, ob dieser industrielle Aufschwung nicht ebensogut ohne die Sperre eingetreten wäre, namentlich wenn die vielverheißenden Anfänge des deutsch-amerikanischen Handels sich ungestört hätten fortentwickeln können. Jedenfalls ist das Übergewicht der brittischen Industrie in Deutschland nach der Sperre entschieden noch größer gewesen als vor derselben. Wenn aber gar gesagt worden ist, daß sich Hamburg durch die Kontinentalsperre „trotz aller schweren Bedrückungen aus der untergeordneten Stellung eines englischen Kommissionsplatzes zu selbständiger Geltung aufgeschwungen" habe (Hoeniger), so stellt das die Tatsachen geradezu auf den Kopf. Wir bemerkten ja schon oben in der Einleitung, daß die Vorherrschaft der englischen Verkehrsbeziehungen in Hamburg bei Verhängung der Kontinentalsperre ganz jungen Datums war, daß vorher der Verkehr mit Frankreich dominiert hatte, des rasch aufblühenden Handels mit den Vereinigten Staaten nicht zu vergessen. Man kann also die Bedeutung Hamburgs im letzten Viertel des 18. Jahrhunderts kaum irriger charakterisieren, als mit den oben angeführten Worten. Und wenn irgend etwas, so hat gerade das napoleonische Kontinentalsystem dazu beigetragen, das durch die Revolutionskriege bereits hervorgerufene Übergewicht des britischen Seehandels zu einem erdrückenden zu machen. Auf keinem Gebiet liegt der unermeßliche Gewinn Englands aus der Kontinentalsperre klarer zutage, als auf dem der Schiffahrt und Reederei. Seit der napoleonischen Zeit erst datiert der gewaltige Vorsprung der britischen Handelsflotte in der Weltschiffahrt. Wenn noch heute, nach hundert Jahren, die britische Handelsflotte fast die Hälfte, die deutsche, trotz großer Fortschritte und Anstrengungen, erst ein Zehntel der Welthandelsflotte ausmacht, so sieht das nicht darnach aus, als ob dieser Vorsprung in absehbarer Zeit eingeholt werden könnte. Vor den napoleonischen Kriegen besaß die Handelsflotte Großbritanniens etwa den dreifachen, nach den Kriegen etwa den achtfachen Umfang der deutschen.

Bestand der Handelsflotten (in Tonnen Tragfähigkeit)

	1800	1825
Deutschland[1]) . . .	570 000	300 000
Großbritannien . .	1 700 000	2 400 000

Der Schiffsbestand Hamburgs war von 248 Schiffen mit 23 206 Lasten (im Jahre 1798) auf 101 Schiffe mit 7616 Lasten (im Jahre 1816) also auf ein Drittel zusammengeschmolzen. Um die Jahrhundertwende gingen (1800) 377 Schiffe von Hamburg nach England, im Durchschnitt der Jahre 1816/20 stieg deren Zahl auf 686, also um 80%. Dabei hatten vor der Kontinentalsperre im englisch-deutschen Verkehr die fremden (deutschen und sonstigen) Flaggen bei weitem vorgeherrscht, nach derselben dominierte zunächst die britische, wenn sich auch mit den Jahren annähernd ein Gleichgewicht herstellte.

Jene Kennzeichnung der Hansestädte als „englischer Faktoreien" ist nicht neu. Schon das berüchtigte „Manuskript aus Süddeutschland" vom Jahre 1820 suchte mit diesem (übrigens von Napoleon stammenden) Ausdruck den norddeutschen Seeplätzen das Brandmal undeutscher Gesinnung aufzudrücken, freilich nicht für

---

[1]) Einschließlich Schleswig-Holstein und Schwedisch-Pommern. Die Zahlen können nur annähernde Geltung beanspruchen. 1 Tonne Tragfähigkeit (= ½ Normallast, ⅕ Hamburger Kommerzlast) ist etwa 0,7 Registertonnen Raumgehalt (netto für Segelschiffe) gleichzusetzen.

die Zeit vor, sondern nach dem Kriege. Und so wenig das Wort auf das Wesen und die Stellung der Hansestädte im ganzen zutraf, so muß man doch sagen, daß der Vorwurf jedenfalls um 1820 mit einem weit größeren Schein des Rechts erhoben werden konnte, als etwa um 1800 oder gar um 1780. Daß aber Hamburg und Bremen dem Binnenländer nach der napoleonischen Epoche noch mehr als bloße Eingangspforten des englischen Handels erscheinen konnten, als vor derselben, ist lediglich eine Folge der Kontinentalsperre.

Von einer materiellen Förderung der Hansestädte durch die napoleonische Wirtschaftspolitik darf man also gewiß nicht reden. Aber wie das Unglück im Leben des einzelnen zum Segen ausschlagen kann, so übt es auch seine läuternde Wirkung im Leben der Völker. Ein Gutes hatten die bitteren Erfahrungen der Kontinentalsperre und der Franzosenherrschaft jedenfalls gehabt. Jene faulen Träume von unbedingter Neutralität waren als Chimären erkannt. Man begann in den Hansestädten einzusehen, daß das Heil schließlich doch besser im Schutz eines größeren Ganzen, als im Vertrauen auf ein vermeintliches gemein europäisches Interesse am neutralen hanseatischen Handel zu suchen sei. Es genüge, um den ganzen Unterschied in der inneren Haltung der Hansestädte zum deutschen Vaterlande vor und nach der Kontinentalsperre zu ermessen, zwei Äußerungen gegenüberzustellen, die beide unter dem Einfluß Johann Smidts, des Bremer Senators, zutage getreten sind. Ein Ungenannter schrieb 1802 in dem von Smidt herausgegebenen „Hanseatischen Magazin" u. a.: „Ihr (der Hansestädte) Flor, und zum Teil ihrer Existenz, stützt sich auf das Wohlwollen aller Nationen", und weiter: „Ist aber die Handlungs=Freiheit und dadurch auch die Selbständigkeit der Handlungsstädte allen Mächten wichtig genug, und ein einzelner Schutz bedenklich; könnte selbst für wichtige allgemeine politische Verwicklungen und ausgebreitete Kriege der Reichsschutz einmal zu unwürksam, oder gar einmal, nach einer Europäischen Staats=Revolution, aufgelöst erscheinen, so läßt sich ja unfehlbar das allgemeine Handlungsinteresse aller Nationen nicht sicherer, als durch ihre allgemeine Vereinigung erreichen, um die Selbständigkeit dieser Städte, und also auch der Hansestädte insonderheit, und ihre ungestörte Handlung im Kriege und Frieden zu

erhalten und zu sichern. Nur ein solcher allgemeiner Fürsten=
Verein kann . . . völlige Sicherheit geben". Im Jahre 1821
dagegen entwarf der Bremer Professor Adam Storck in seiner auf
Smidts Veranlassung verfaßten Erwiderung auf das „Manuskript
aus Süddeutschland" das folgende Zukunftsbild: „Auf dieses
System (das von dem künftigen einigen Deutschland zu schaffende
Zoll= und Schiffahrtssystem) gegründet, wird der Staatskörper
Deutschlands mit anderen Staatskörpern Navigations= und Handels=
verträge abschließen. Dann wird die Zeit gekommen sein, wo
der Ozean deutsche Flotten unter einer Nationalflagge erblicken
wird. Wenn Deutschland dann mit gemeinsam gefaßten Maß=
regeln auf Reziprozität in Handelsverhältnissen bringen kann, so
wird auch die schönste Zeit der Hansestädte gekommen sein, und
ihre Blüte und ihr Reichtum wird ebenso im genauesten Zu=
sammenhang mit dem Reichtum gesamter deutscher Nation stehen,
wie es bisher immer der Fall gewesen".

Man braucht diese Äußerung nicht zu überschätzen. Einen
großen Teil seiner Schrift widmet der „Bremer Bürger" gerade
dem Nachweis, daß gegenwärtig Retorsionsmaßregeln gegen Eng=
land durchaus untunlich seien — was nach Lage der Umstände
kaum zu bestreiten war. Auch bedarf es kaum der Erinnerung,
daß dem Anschluß an den Zollverein gerade in den Hansestädten
am längsten widerstrebt wurde. Aber die grundsätzliche Ver=
schiedenheit springt doch in die Augen: dort spricht der Kosmopolit,
der das Deutsche Reich mit kaum verhehlter Teilnahmlosigkeit nur
noch als leblose Mumie betrachtet, hier der Deutsche, dem die
baldige Einigung Deutschlands zu einem auch handelspolitisch
wirkungsfähigen Staatskörper ein Gegenstand der Hoffnung ist.
Dazwischen liegt die Kontinentalsperre.

Benutzte Literatur.

Im Allgemeinen:

G. Servières, L'Allemagne Française sous Napoleon I. Paris 1904 (vgl. dazu die Rezension von Wohlwill, Zur Geschichte der Hansestädte im Zeitalter der französ. Revolution und Napoleons I. Hans. Geschichtsbl. 1906).

W. von Bippen, Geschichte der Stadt Bremen Bd. III. Bremen 1904.

C. Mönckeberg, Geschichte der freien und Hansestadt Hamburg. Hamburg 1885.
    (Die Abhandlung desselben Verfassers, Hamburg unter dem Drucke der Franzosen 1806—1814, Hamburg 1864, war mir nicht zugänglich).

E. Baasch, Hamburgs Handel und Verkehr im 19. Jahrhundert. Hamburg 1901.

E. Baasch, Beiträge zur Geschichte der Handelsbeziehungen zwischen Hamburg und Amerika (Hamburger Festschrift zur Entdeckungsfeier I. 3.) Hamburg 1892.

H. Hitzigrath, Hamburg und die Kontinentalsperre (Hamb. Programm 1900).

M. Hoffmann, Geschichte der freien und Hansestadt Lübeck. Lübeck 1889—92.

K. Klug, Geschichte Lübecks während der Vereinigung mit dem französischen Kaiserreiche 1811—1813. Lübeck 1856.

A. T. Mahan, The influence of Sea power upon the French Revolution and Empire 1793—1812. Vol. II. London 1892.

A. von Peez und P. Dehn, Englands Vorherrschaft. Aus der Zeit der Kontinentalsperre. Leipzig 1912.

Außerdem

Zu Kapitel I.

A. Wohlwill, Frankreich und Norddeutschland 1795—1800 (Hist. Zeitschr. 51).

Derselbe, Reinhard als französischer Gesandter in Hamburg 1795—97 (Hans. Geschichtsbl. 1875).

Derselbe, Hamburgs Beziehungen zu den auswärtigen Mächten (in: Hamburg um die Jahrhundertwende 1800. Hamb. 1900).

A. Wohlwill, Die Hansestädte beim Untergang des alten Deutschen Reichs (in: Histor. Aufsätze dem Andenken an Georg Waitz gewidmet. Hannover 1886).
Derselbe, Zur Erinnerung an die hanseatischen Konferenzen vom Herbst 1806 (Hans. Geschichtsbl. 1906).
J. Hildebrand, Die hanseatischen Konferenzen im Herbste 1806 (Beiträge zur Gesch. Niedersachsens u. Westfalens Jahrg. I, H. 4. Hildesheim 1906).
E. Baasch, Hamburgs Handel und Schiffahrt (in: Hamburg um die Jahrhundertwende 1800).
J. G. Büsch, Versuch einer Geschichte der Hamburgischen Handlung. Hamburg 1797.
D. Macpherson, Annals of Commerce. Vol. IV. London 1805.
A. Saybert, Statistical Annales of the United States of America. Philadelphia 1818.
Staatsbürgerliches Magazin für Schleswig-Holstein Bd. 2.

Zu Kapitel II.

Bourrienne, Mémoires. Vol. VIII. Paris 1829.
H. Hitzigrath, Die Kompagnie der Merchant Adventurers und die engl. Kirchengemeinde in Hamburg 1611—1835. Hamb. 1904.
E. von Halle, Die Company of Merchant Adventurers und der Ausgang ihrer Niederlassung in Hamburg 1807 (Internation. Wochenschrift 1908).
M. Prell, Erinnerungen aus der Franzosenzeit in Hamburg 1806—1814. Hamburg 1864.
W. Kießelbach, Die Kontinentalsperre in ihrer ökonomischen Bedeutung. Stuttgart 1850.
R. Hoeniger, Die Kontinentalsperre und ihre Einwirkungen auf Deutschland (Volkswirtschaftliche Zeitfragen H. 211) Berlin 1905.
Derselbe, Die Kontinentalsperre in ihrer geschichtlichen Bedeutung (in: Meereskunde Jhrg. I, H. 5) Berlin 1907.
G. Drottboom, Wirtschaftsgeographische Betrachtungen über die Wirkungen der Napoleonischen Kontinentalsperre auf Industrie und Handel (Bonner Diff. 1906).
W. F. Spiering, Kurze Erzählung der Einnahme der Insul Helgoland und des Betragens der Engelländer daselbst (Zeitschft. d. Vereins f. Schleswig-Holstein. Geschichte 31).
L. Brinner, Die deutsche Grönlandfahrt. Berlin 1913.
d'Ivernois, Effets du Blocus Continental. 1809.
G. von Gülich, Geschichtliche Darstellung des Handels, der Gewerbe und des Ackerbaus der bedeutendsten Staaten unserer Zeit Tabellenband. Jena 1830.

Zu Kapitel III.

A. Wohlwill, Napoleon und die Hansestädte im Herbst 1809. Zeitschft. d. Ver. f. Hamb. Gesch. Bd. 7).
Derselbe, Der Eintritt der Hansestädte in den Rheinbund 1809 (ebenda).
A. C. Wedekind, Jahrbuch für die hanseatischen Departements, insbesondere das Departement der Elbmündungen. Hamburg 1812.
P. Darmstädter, Studien zur napoleonischen Wirtschaftsgeschichte (Vierteljahrschrift f. Sozial- u. Wirtschaftsgeschichte 2 und 3).
A. Cunningham, British Credit in the last Napoleonic War (Girton College Studies No. 2). Cambridge 1910.
F. Stuhr, Die napoleonische Kontinentalsperre in Mecklenburg 1806—13 (Jahrbücher d. Ver. f. Meckl. Geschichte u. Altertumskunde 71).
F. Thimme, Die inneren Zustände des Kurfürstentums Hannover unter französisch-westfälischer Herrschaft 1806—13. Bd. II. Hann. u. Leipz. 1895.
J. Kretzschmar, Napoleons Kanalprojekt zur Verbindung des Rheins mit der Elbe (Zeitschft. d. Hist. Ver. für Niedersachsen 1906).
A. Wohlwill, Die Verbindung zwischen Elbe und Rhein durch Kanäle und Landstraßen nach den Projekten Napoleons I. (Mitt. d. Ver. f. Hamb. Geschichte 7. Heft).

Zu Kapitel IV.

G. Rüthning, Oldenburgische Geschichte Bd. II. Bremen 1911.
G. Seelig, Hamburgs Handelslage nach dem ersten Pariser Frieden (Annalen des Deutschen Reichs 1902).
M. Peters, Die Entwicklung der deutschen Reederei seit Beginn des 19. Jahrhunderts Bd. I. Jena 1899.
Manuskript aus Süd-Deutschland, herausgegeben von George Erichson (Lindner). London 1820.
(M. J. Haller), Sechs Briefe über den Handel der Hansestädte, von einem Hamburger. Bremen 1821.
Über den wichtigen und allgemein nützlichen Einfluß der Reichsfreyen Hansestädte in die Handlung aller Länder (Hanseatisches Magazin, hrsg. von J. Smidt, Bd. 6. Bremen 1802).
(Adam Storck), Über das Verhältnis der freien Hansestädte zum Handel Deutschlands. Von einem Bremer Bürger. Bremen 1821.

www.ingramcontent.com/pod-product-compliance
Lightning Source LLC
Chambersburg PA
CBHW030124240426
43673CB00041B/1389